英声茂实 文以化人

——"茶话英语 融通教育"课题实践研究

朱妙芳 邓媛媛 谢燕玫 主编

中山大学出版社
SUN YAT-SEN UNIVERSITY PRESS

·广州·

版权所有　翻印必究

图书在版编目（CIP）数据

英声茂实　文以化人："茶话英语　融通教育"课题实践研究/朱妙芳，邓媛媛，谢燕玫主编 . —广州：中山大学出版社，2023.7
ISBN 978 - 7 - 306 - 07800 - 1

Ⅰ. ①英… Ⅱ. ①朱… ②邓… ③谢… Ⅲ. ①英语课—教学研究—中学 Ⅳ. ①G633.412

中国国家版本馆 CIP 数据核字（2023）第 075678 号

YING SHENG MAO SHI　WEN YI HUA REN

出 版 人：	王天琪
策划编辑：	张　蕊
责任编辑：	张　蕊
封面设计：	曾　婷
责任校对：	李昭莹
责任技编：	靳晓虹
出版发行：	中山大学出版社
电　　话：	编辑部 020 - 84111997，84113349，84110283，84110779，84110776
	发行部 020 - 84111998，84111981，84111160
地　　址：	广州市新港西路 135 号
邮　　编：	510275　传　真：020 - 84036565
网　　址：	http://www.zsup.com.cn　E-mail：zdcbs@mail.sysu.edu.cn
印 刷 者：	广东虎彩云印刷有限公司
规　　格：	787mm×1092mm　1/16　11.75 印张　220 千字
版次印次：	2023 年 7 月第 1 版　2023 年 7 月第 1 次印刷
定　　价：	50.00 元

如发现本书因印装质量影响阅读，请与出版社发行部联系调换

序：清香淡远　雅韵悠长

林语堂曾说："只要有一只茶壶，中国人到哪儿都是快乐的。"

然而，饮茶若要饮得高雅，对环境就会有讲究——以静室明窗伴松风明月为佳；饮茶若要饮得有趣，对茶伴就会有要求——与志同道合者共品方宜。

珠海将军山上有濂泉古洞，山下则有老校新姿。倡导"礼"文化的珠海市南屏曾正中学，犹如一间清雅的茶室；而广东省谢燕玫名教师工作室和珠海市邓媛媛名教师工作室，则不遗余力地采摘着清香的茶叶、寻觅着清澈的山泉。谢燕玫名教师工作室以"融合课堂，茶话英语"为文化追求，以茶的温润甘醇聚集了一批以共育桃李为己任、对自身专业发展有追求的英语教师。在名师的引领下，工作室的 13 名核心成员以及 100 多名网络成员在英语教学教研园地细品香茗，在茶香的熏陶中，将芬芳馥郁、点点滴滴的收获，经日积月累，集腋成裘，汇成了这本内容丰富的《英声茂实　文以化人："茶话英语　融通教育"课题实践研究》。这部著作既诠释了名师工作室团队在英语教育园地精耕细作、培土育苗的努力与进取，也彰显了名师工作室团队勇立教改潮头的示范、引领、带动和辐射作用。为本书撰稿的老师来自珠海、梅州、阳江、河源、汕头等地市，内容包括了教研论文、优秀课例、教育名著导读及阅读心得，以及老师们追随名师之光的成长历程和点滴收获。

元好问有诗曰："鸳鸯绣了从教看，莫把金针度与人。"我们身为教师，不但要示范绣出美丽的鸳鸯，还要乐于着力"把金针度与人"，以引领后来人绣出更多、更美的鸳鸯。本书就是这样一部好读物，我向渴望成长的一线教师诚挚推荐此书，"无由持一碗，寄与爱茶人"。

是为序。

吴慧坚

广东第二师范学院

目 录

第一编 融通论文

"双减"背景下的初中英语学生思维品质培养措施 …………… 陈海华 2
初中英语单元整体教学的策略与实施
　　——以人教版八年级上册 Unit 1 为例 …………… 陈秀莲 5
初中基础年级英语课堂听力教学问题及其应对策略探究 ………… 陈玉婷 10
基于思维品质培养的初中英语情境教学实践探索 ……………… 陈玉婷 15
微视频在初中英语听力教学中的应用探索 …………………… 陈玉婷 18
在初中英语阅读教学中培养学生跨文化意识 ………………… 陈玉婷 21
初中英语听说教学现状与完善策略 …………………………… 邓丽萍 24
核心素养理念下的初中英语个性化分级阅读模式探究 ………… 江晓纯 27
客家优秀文化在初中英语教学的有效渗透 ………… 卢伟英 朱妙芳 30
汉语迁移现象对初中读写综合的影响及提高学生读写能力的有效
　　对策 ……………………………………………………… 卢伟英 34
指向思维品质提升的初中英语课外阅读作业设计的研究 ……… 孙利芬 37
探析英语课程标准下农村初中英语听说教学策略 ……………… 张燕清 40
巧用思维导图，提升初中生英语阅读能力 …………………… 张玉婷 43
把握训练技巧，提高英语听力教学实效 ……………………… 郑凤慈 48
初中生英语学习的法宝：错题集 ……………………………… 周静桦 52
基于计算机智能评分原理浅析高考英语听说考试备考策略
　　——以 2021 年广东省高考英语听说考试试题为例 ……… 朱妙芳 57
基于学科课程标准的初中英语教师"研训一体"有效培训策略实践探究
　　——以东源县初中英语学科教师培训项目为例 …………… 朱妙芳 63
初中英语单元整体教学本土化实施路径探讨
　　——以粤北某县初中英语的教学实际情况为例 …………… 朱妙芳 70
一种改变：做教材的思考者
　　——高中英语单元整体教学设计中教材的解读与处理 …… 朱妙芳 76
探究"双减"下农村初中英语个性化作业设计 ………………… 卓东方 81

· 1 ·

第二编　融通课例

人教版八年级英语上册 Unit 9 Can you come to my party? 教学设计 …………………………………………… 邓媛媛 86

人教版七年级英语下册 Unit 4 Don't eat in class 教学设计 ……… 谢杰华 91

九年级阅读课 If I were a boy again 教学设计 ………………… 江晓纯 96

新课标（Go for It）九年级上册 Unit 7 Teenagers should be allowed to choose their own clothes 听说课教学设计 …………………… 江晓纯 100

新课标（Go for It）八年级下册 Unit 7 What's the highest mountain in the world? 阅读课教学设计 …………………………… 李莉平 104

中考英语语法专题复习教学设计：非谓语动词 ………………… 朱妙芳 112

《英语》必修第一册（人教版）Unit 1 Teenage life 单元整体教学设计 ……………………………………………………… 朱妙芳 119

第三编　茶话名著

读《什么是教育》之所得 …………………………………… 李晓燕 128

读《什么是教育》有感 ……………………………………… 谢丽华 131

浅谈如何制订计划
　　——读《什么是教育》有感 …………………………… 张娟娟 133

春风书香，浓香唤思
　　——读《什么是教育》有感 …………………………… 张丽丽 135

且学且思，与爱同行
　　——读《什么是教育》有感 …………………………… 陈跃芝 137

虔敬之心，奔赴山海
　　——读《什么是教育》有感 …………………………… 张爱妙 139

一个标题后面藏着的问题
　　——读《什么是教育》有感 …………………………… 朱妙芳 141

谈谈"教育的基本类型"
　　——读《什么是教育》有感 …………………………… 张国辉 143

走进学生内心，引领学生成长
　　——读《什么是教育》有感 …………………………… 陈玉婷 145

第四编　茶话成长

见贤思齐，砥砺前行 …………………………………… 陈俏灵 148
一路芬芳，伴我成长 …………………………………… 陈玉婷 150
不断挑战，一路成长 …………………………………… 顾奕文 152
不忘初心，保持热爱 …………………………………… 郭衍露 154
不忘初心，敢于挑战 …………………………………… 江晓纯 156
感恩遇见，反思前行 …………………………………… 李彬彬 158
岁月回眸，蓄力成长 …………………………………… 谭倩怡 159
虚心学习，感悟幸福 …………………………………… 周静桦 161
融通教育，求真致善 …………………………………… 朱妙芳 163
纵有疾风起，人生不言弃 ……………………………… 张娟娟 166
春浅夏不知，言萃已觉深 ……………………………… 张燕清 168
做学习型教师，不断超越自我 ………………………… 郑凤慈 170
赓续教育热情，动态迎接挑战 ………………………… 卢伟英 172
学知不足而自反，教知所困而自强 …………………… 曾繁杰 174

后　　记 / 175

第一编

融通论文

"双减"背景下的初中英语学生思维品质培养措施

广东省兴宁市锦绣学校 陈海华

思维品质是思维在逻辑、批判和创新三方面的变化与转变中逐步形成的素养。思维品质不仅代表了学生学科核心素养发展的实际特征,让学生在新的知识体系中观察和认知世界,还在一定程度上促进了学生分析和解决问题的素养的发展以及学生价值观的有效发展。在"双减"背景下,教师如何通过多元教学的方式去促进学生思维品质的提高以及发展学生的学科核心素养,都需要进一步探究。

一、在教学中梳理故事情节,培养学生的逻辑性思维

在"双减"政策实施背景下,教学过程中教师可采用解释性阅读法。采用解释性阅读法,要求学生具备一定的文学功底,能够灵活运用所学知识开展深层次的问题探究。通过实质性的教学活动,实现学生对信息的深度理解。在实质性的课堂教学过程中,教师需要对相应的学习空间加以开放,让学生拥有更开阔的发散思维空间,能够灵活运用关键词,促进其对文章的理解,而学生对知识的理解是不一样的。例如,在学习阅读"A brave young man"这篇文章时,教师可以鼓励学生根据自己的理解,从不同的角度设计不同的思维导图。

学生通过运用不同的形容词加强对思维导图线索的把握,加深对文章的理解,同时突出主人公的特征,如 young 和 brave,包含形容主角的形容词,如 afraid, hot, hurt 和 burnt;并对"火"进行阐释,如 dangerous, important, careful。

教师以文章中的人物为线索设计可视化思维导图,将 fire 与获救者 Mrs Sun 和施救者 Lin Tao 联系在一起,通过对获救者和施救者的行为和情绪的学习突出文章主题"What a brave young man"。通过互动交流,学生学会了用英语表达自己的思想,初步实现了英语的多元思维,提高了英语阅读理解能力,进而提高了英语学习效果。在初步理解和掌握文章整体内容的基础上,学生可以通过解释性阅读加深对文章内容的理解,并不断完善自己的思维体系。通过视觉思维教学,教师鼓励学生将抽象的文本转化为具体的图形结构,这拓宽了学生的思维广度,提高了课堂中英语阅读题讲解的效率。

二、深度发掘文本，发展学生的批判性思维

评价是在解释、分析和推理的基础上，对文本中事实信息的可信度和论证的合理性进行评估和评价。在初中英语听说一体化教学中，评估对话中的人的意见是否合理是非常重要的。评估是我们从寻求知识，经过提出问题与分析问题，到形成自己的观点的重要一步。从听力文本中已有的事实理由，评价事实理由的来源是否可靠、是否可信；对推理过程进行评价，表明该过程是否合理；对获得的论点进行评估，表明论点是否客观。教师在听中和听后环节需要依据语篇内容，从上述三个方面入手，创设主题情境，深挖文本，培养学生的批判性思维。

以"New ways to eat meat"为例，该模块的主题是动物。在听后环节，教师深挖听力文本，引导学生关注 Tony 和 Guide 的对答。"Tony：Do lions eat meat? Guide：Yes, they do. They eat other animals. They're dangerous！"基于上述对话，教师提出问题"Why is the lion dangerous?"和"Is the lion always dangerous?"。第一个问题基于文本，让学生评价 Guide 的观点。第二个问题是对文本内容的拓展，学生需要依据自身的知识储备和生活经验，对狮子的危险性做出合理的评价，并阐明理由。在这一过程中，学生的逻辑思维能力和评价质疑能力都得到了发展。

三、开展多样性作业评价，培养学生的创新性思维

教师根据学生的需求设计初中英语思维型单元作业，但若不注重作业的批改和评价，学生就无法了解其自身完成作业的能力并获得完成作业的成就感，这会增加学生完成作业的压力，从而无法达成落实"双减"政策的目标。教师需要设计多样的作业评价，并合理地运用评价，这样既能提升学生完成作业的信心，又能培养学生的创新性思维。

例如，教师在带领学生学习"Don't eat in class"的时候，可以设计趣味性的思维型单元作业。教师可以鼓励学生总结本单元的重点词汇与句型，并设计"运用绘画的方式展现重点词汇与句型"的作业，这样可以增加作业的趣味性。教师可以运用投影仪展示学生的绘画成果，并鼓励学生根据绘画内容展开英语交际。教师可以从学生完成作业的态度、绘画的能力、交际的内容、口语表达的能力等多个方面进行评价。教师这样设计作业评价，可以促进学生创新思维的发展，并落实"双减"的目标。

综上所述，教师通过在教学中加强对初中学生英语思维的培育，可以培养学生自主学习、自主复习、自主巩固、自主延伸的意识和能力，提升学生

学习英语知识的能力和效率,并促进学生思维能力与综合技能的提升,从而发展学生的英语核心素养。教师根据上述策略开展思维教学,可以使学生获得有效完成思维作业的经验,并提升学生高效完成多样作业的能力,同时增强学生完成学习的积极性与自信心,从而使学生主动、高效地学习,这就能够落实"双减"政策的目标。

参考文献

[1] 夏谷鸣.英语学科教学与思维品质培养[J].英语学习(教师版),2017(2).

[2] 梅德明,王蔷.普通高中英语课程标准(2017年版)解读[M].北京:高等教育出版社,2018.

[3] 董焱.基于批判性思维技能的高中英语阅读教学设计[J].中小学外语教学(中学篇),2018(3).

初中英语单元整体教学的策略与实施
——以人教版八年级上册 Unit 1 为例

广东省河源市东源县实验中学　陈秀莲

一、前言

教育部印发的《普通高中英语课程标准（2017 年版 2020 年修订）》（以下简称《英语课程标准》）将主题语境列为英语课程内容的六大要素之一。主题语境包括人与自我、人与社会、人与自然三大类。主题语境不仅规定语言知识和文化知识的学习范围，还为语言学习提供意义语境，并有机渗透情感、态度和价值观。由此可见，基于主题意义的单元教学是整合英语课程内容六要素（主题语境、语篇类型、语言知识、语言能力、文化知识、学习策略），落实学习活动观，发展学生英语学科核心素养的有效途径。单元整体教学是基于一定主题意义的教学内容和教学活动，学生在主题意义引领下进行学习理解、运用实践、迁移创新等英语学习活动。

单元是指一个相对完整的学习单位，承载主题意义，提供与主题相关的语篇及语言知识、文化知识、语言技能训练和学习策略实践，是学生学科核心素养形成与发展的基本平台。人教版教材每个单元的内容采用分层结构和循环递进的方式，分为 Section A、Section B 两个部分。Section A 是基本的教学内容，侧重于听、说训练，兼顾语法学习（Grammar Focus 板块），是引入话题、呈现本单元的目标语言和知识结构的部分；Section B 在 Section A 的基础上将单元话题进一步延伸、拓展，除听、说外，侧重训练学生读与写的语言技能，帮助学生灵活运用所学语言进行口头、笔头输出。此外，Section B 还对与主题意义相关的话题进行深入探讨与拓展，扩充和丰富语言素材，以主题为中心建构学生认知体系。两大板块意义相连，思维内涵层层递进，将单元语篇有机融合在同一主题语境下。

二、策略与实施

（一）分析教材，确定本单元的主题

在立德树人任务的指向下，深度学习的单元整体教学是指整合的、关联的、发展的整体教学，由此实现对语言的深度学习。人教版《英语》（Go

for It）教材采用"话题、功能、结构、任务"相结合的编写思路，以"话题"统领每个单元的教学内容，语法结构为表述话题内容和实现与话题内容相关的交际功能服务。教材采用不同层次的"任务"的形式来组织教学活动，让学生通过"用语言做事情"来学习和使用英语，从而发展学生的英语学科核心素养。在人与自我、人与社会、人与自然三大主题语境中，人教版《英语》八年级上册 Unit 1 Where did you go on vacation? 的主题语境是"人与自我"，隶属于"生活与学习"主题群，是在"假日与假期"这一话题下，谈论个人生活经历，要求学生学会表达过去发生的事件，实施整体教学，推进深度学习，让学生在深度学习的过程中真正成为学习的主体，以形成有助于未来可持续发展的核心素养。

（二）围绕主题，整合内容，划分课时

本单元是由 Section A 和 Section B 两个部分组成。Section A 通过谈论假期活动，让学生复习、巩固对一般过去时的理解及运用。本部分侧重与假期活动有关的词汇和语言结构的学习，以及该话题下的听说训练。Section B 是在 Section A 基础上的拓展。在话题上，Section B 由询问"Where to go?""What to do?"两个问题转向描述及谈论度假的感受——"How was the feeling?"；在语言上，除进一步综合训练、巩固 Section A 所学重点语言内容外，学习用不同的描述性形容词描绘假期活动和表达自己的感受成了这一部分的重要任务，也为下一步推测作者态度做好铺垫；在语言技能上，则由听、说转向听、看、读、写等综合性的训练。

单元整体教学设计是一个整体设计、统筹安排的过程。根据一定的语言逻辑，分析了《英语课程标准》、教材、学情，明确了本单元的主题意义是享受假期、积极生活，确定了单元的总体目标，整合本单元的教学内容，把本单元的学习活动设计为 2 个学习小单元，第一个学习小单元包含 2 个课时，第二个学习小单元包含 3 个课时，共 5 个课时的教学活动。

英语教材的语篇是经过挑选的成熟语篇，具备连贯性特点，也就是内容连贯、思维连贯、语言连贯。本单元的 6 个语篇在内容上紧扣"度假"话题，从不同人称、不同视角、不同形式谈论去哪里度假、假期做了什么、感受如何等内容。在思维上遵循从低阶思维向高阶思维发展的原则，依次体现了信息获取（Listening 1、2 & 3）、信息处理（Reading 1 & 2）和信息输出（Writing）的认知过程，有助于发展学生的思维能力。在语言上，通过听、说、读、看、写等理解和表达与度假相关的信息，强调语言运用的社会情境性。在训练学生的语言运用能力方面，从语言理解到语言表达，6 个语篇是连贯的，是一个有机的整体，有利于学生内化、整合语言，有利于学生产出个性化语言、创新性地使用语言。

（三）确定单元目标、课时目标

确定单元目标的前提是准确定位该单元的主题，并围绕主题意义确定单元教学的主线。首先通过分析单元各语篇内容及其联系，挖掘文化内涵，明确单元主题意义。然后根据单元主题意义，梳理、概括与主题意义有关联的语言知识、文化知识，着眼于整个单元，确定单元的教学目标。最后紧扣单元主题意义，重新审视并有效整合学习内容，创设与主题意义紧密相关的英语学习语境，设定每个课时的学习活动，以活动育人，以活动促进学生对该单元主题意义的深度理解。总而言之，单元目标统领课时目标，课时目标细化并体现单元目标，二者都是在一定的主题意义下，通过连贯性、实践性、渐进性的英语学习活动逐步实现的。

八年级上册 Unit 1 Where did you go on vacation？的话题是节日与假期，单元目标为总纲领，课时目标围绕单元目标而设立。如为了实现语言能力目标，本单元的第二个课时（语法课）就把目标细分为：①通过谈论同学们及 Jackson 的假期生活，感知一般过去时及不定代词的用法；②通过微课学习，小组分享假期的生活，在各种句式中学会正确运用一般过去时和不定代词，提高口语能力；③学会热爱生活，享受当下的幸福生活。

（四）基于目标，设计学习活动

《英语课程标准》提倡学生在主题意义的引领下，通过学习理解、运用实践、迁移创新等一系列体现综合性、关联性和实践性等特点的英语学习活动，基于已有的知识，依托不同的语篇，在分析问题和解决问题的过程中，促进自身语言知识学习、语言技能发展、文化内涵理解、多元思维发展、价值取向判断和学习策略运用。不管是听说课、语法课、阅读课还是写作课，在设计学生学习活动时，都要依据六要素整合的学习活动观，从输入到输出，安排不同层次的学习活动，从基于文本到深入文本，最后到跨越文本。

在本单元的学习过程中，教师围绕主题意义，设计了具有整合性、实践性、层次性的学习活动。本单元第三个课时是一节听说课，教学目标是对比、分析褒义词和贬义词，以此推断人物的感受；通过训练听力技巧获取听力信息；借助描述性词复述 Lisa 的假期并谈论自己的假期；理解更多关于环境保护的信息并保护环境。在本节课开展的学习理解类活动中，首先是借助图片感知不同词义的描述性形容词，让学生分析并归类，铺垫关键信息，为下一节课找关键词做准备。然后是获取与梳理信息，学生听关于 Lisa 去香港度假的对话语篇，回答问题，完成填空。在运用实践类活动中，借助思维导图再次建构 Lisa 的假期信息，这也有助于学生在下一个环节利用思维导图谈论自己的假期。在迁移创新类活动中，学生基于本节课所学的描述性形容词、谈论假期的关键词、思维导图的引导词等加深对主题意义的理解。在教师创设的新的学习情境中，通过自主、合作、探究的学习方式，综合运用语言知识，表达自己的观点、情感和态度。通过上述活动达到深度学习，从而促进学生学科素养发展的目标。

（五）设计评价量表，检测所学

在基于学科核心素养的英语学习活动中，学是核心，教与评都以促进学为目的。评价的方式、标准和内容是依据教学目标而确定的，主要是观察学生的学习过程，检测教与学的效果，最终实现以评促学、以评促教的目的。每一个课时或每一种课型都可以有不同的评价量表，有针对性地测评学生在语言知识、语言能力、语言技能等方面的掌握程度。也可以在每一个单元的最后根据单元总目标设计单元评价量表，促进单元整体目标的达成。

在第三个课时的口语输出环节，可以设计如下的评价量表，有学生自评、同伴互评、教师评价三种评价方式，从口语流畅度、口语准确性、口语丰富性、口语创新性四个维度，用 A、B、C、D 等级进行评价。也可以在每一节课的最后，评价学生在本节课的总体表现，针对课堂的学生主体行为，用 50、40、30、20、10 等级自评。

不管采用何种评价方式，都是为了改进教师的教和学生的学，为了更好地实现单元整体教学目标，达到学习效果，促进学生语言能力、文化意识、思维品质和学习能力四个维度的英语学科核心素养的发展。

三、结束语

在进行单元整体教学设计时，首先要分析教材，确定本单元的主题；其次要围绕主题，整合内容，划分课时；再次要确定单元目标、课时目标；然后基于目标，设计学习理解、运用实践、迁移创新的学习活动；最后设计评价量表，检测所学。总而言之，基于主题意义的单元整体教学是以语篇为单位、以主题意义为主线、以情景为依托、以学生为中心，开展综合性、关联性和实践性的英语学习活动，以此发展学生的核心素养。

参考文献

[1] 梅德明，王蔷.普通高中英语课程标准（2017年版）解读[M].北京：高等教育出版社，2018.

[2] 程晓堂.基于主题意义探究的英语教学理念与实践[J].中小学外语教学（中学篇），2018（10）.

[3] 教育部.普通高中英语课程标准（2017年版2020年修订）[M].北京：人民教育出版社，2020.

[4] 李宝荣，闻超，庞淼，等.基于主题意义进行单元整体教学的实践思路和策略[J].英语学习（下半月刊），2019（2）.

[5] 胡润，陈新忠.高中英语单元整体教学设计的策略[J].中小学外语教学（中学篇），2020（9）.

初中基础年级英语课堂听力教学问题及其应对策略探究

广东省阳江市阳西县奋兴中学 陈玉婷

众所周知,听、说、读、写四项基本技能的培养和训练在学习英语的过程中是缺一不可的,而排在首位的听力理解则是综合运用英语能力的基础。然而,多年以来,英语听力课堂教学出现的问题却屡见不鲜。在传统的初中基础年级听力教学课堂上,教师听力教学方法单一,大多教师采用的是公式化的"听力教学三部曲",这不仅严重违背了听力训练规律,还增加了学生的倦怠感和无力感,很难达到听力训练的预期效果。如何在课堂上有效提高学生的听力水平、全面提升英语学科成绩是所有老师都应该认真思考和积极探讨的话题。

一、基础年级英语课堂听力教学中存在的主要问题

(一)教师问题

1. 重语法,轻听力

语法教学历来在英语课堂教学中占据重要比例,也是大多数英语教师在备课及课堂教学中投入时间和精力最多的教学内容。但作为一名合格的英语教师,首先要明确《英语课程标准》强调的是语言的交际性。作为语言交际能力的首要方面,听力理解对学生英语学习的影响尤为关键。提升听力水平有助于促进学生对英语单词和短语的识记,增强英语思维能力和英语语感,进而提升阅读速度和英语学习的总体水平。因此,听力教学在初中英语教学中处于关键地位,它与语法教学相辅相成,缺一不可。

2. 教学方法单一,课堂效果不明显

大部分基础年级的英语教师习惯运用固有经验指导听力教学,大多采用公式化的"听力三部曲"(听录音—答题—对答案)组织听力教学,课堂低效甚至无效,多媒体和网络技术应用也不够充分,直接影响了学生英语听力成绩的提升。教师要提高科研意识,转变观念,准确定位。如今,信息时代下的多媒体技术应用已深入各学科课堂,为促进现代化教学手段与英语课堂听力教学深度融合,全面提升英语学科成绩,英语教师应大力加强英语听力课堂教学方面的研究和探讨。

（二）学生问题

1. 语言知识问题

语言知识是学生顺利完成听力的基础和前提，包括语音、语调、词汇积累等方面。其中，语音、语调知识是影响学生听力成绩提升的关键因素，很多学生会因为音标等语音知识不过关而失分。比如，数字中的十几和几十历来是很多学生的困惑点，其原因在于没掌握［tiːn］和［ti］的区别，还有其他的短元音和长元音、单元音和双元音等。语调问题也是学生听力方面的一大障碍。英语中不同的语调体现着不同的含义：升调意味着吃惊、疑问或不确定等语气，而表述确定、命令等语气时则通常要使用降调。学生可以通过在听的时候分析语气、语调来判断说话人的关系和意图，进而更好地理解听力内容，准确获取关键信息。这些知识在基础年级的英语教学中尤其重要，但也容易被忽略，直接影响学生的听力成绩。

2. 缺少听力技巧训练

在日常的听力教学过程中，教师不注重学生听力技巧的培养，是造成学生听力成绩无法提升的另一个关键原因。事实上，很多学生没有做听力题目前读题的意识和习惯，大多数学生都是边听边浏览听力问题，甚至只是单纯地听关键词来答题。他们在听力过程中往往会因为忙于思考某些听不懂的词句而直接影响下一道题的解答，甚至因此造成恶性循环。

听力技巧的培养还包括对听力内容的预测、判断及推理等。不同的人物关系及时间、场景等因素构成了听力内容的特定语境，听者既可以根据说话人的身份、角色的人物关系来预测谈话内容，也可以从他们的谈话内容来推测及判断各自的身份、观点和态度。此外，很多学生不重视分析听力内容中的逻辑关系，忽略了听力中经常出现的一些转折、因果、并列关系词语等，这些都是导致听力水平无法提升的关键因素。

3. 缺乏语言环境和背景知识

农村的初中基础年级学生的英语学习大都起步较晚，基础相对薄弱，缺乏良好的语言学习环境，极易受母语干扰。再者，在听力训练时也经常会碰到一些中西方文化差异问题。学生只有具备一定的西方文化背景知识，才能准确理解听力内容。在听力考试中的听单句部分经常会出现一些看图听力题。例如，给出几个国家的著名景点，让学生从对话中听出某人去了哪里度假：Where did you go on vacation last year? I went to the USA. 对话内容非常简单。大家都知道是去了美国，可是哪个景点代表美国呢？这就需要学生对一些世界著名的景点有充分的了解。还有就是情景交际方面的知识储备，如一些西方人常用的问候、道歉、感谢方式等。缺乏足够的文化背景知识,也会导致学生在听力中无法准确答题。

4. 心理因素问题

七年级学生刚踏入中学,在面对中学生的角色转换时可能存在某些不良情绪,而这些不良情绪又会使学生在听力过程中变得更加急躁和焦虑,进而引发不安、担心、不自信等系列心理问题。学生会担心听力中出现听不懂的词汇和句子,或者因为成绩不理想而得到负面评价,继而产生紧张、害怕等焦虑心理。这种焦虑会使学生在练习听力时集中不了注意力,直接影响学生的听力成绩。在课堂听力教学中,很多教师习惯要求学生在听力练习结束后立刻说出答案,当学生无法准确作答时,没有及时进行不良情绪的疏导,这也会让学生的焦虑加剧。这些都是基础年级的英语教师特别需要关注的问题。

二、基础年级英语听力教学问题应对策略

针对以上存在于基础年级英语听力教学中的普遍问题,英语教师需要多加重视,正视问题根本。除转变自身观念外,还要积极寻找对策,帮助学生克服听力学习障碍,全面提升英语成绩。

(一)注重积累,夯实基础,打造全英式英语课堂

学生听力成绩的提高不是靠一两节高效的听力课就能实现的,而是需要教师在日常的英语教学中注重学生的语言及文化背景知识积累,帮助学生夯实语言知识基础,把听力教学渗透每一节课并使之常态化。

教师应重视基础年级的音标教学。学生只有在学好音标后才能真正做到自主拼读单词,朗读句子和短文。同时也要注重学生的朗读技巧训练。教师应多组织学生以不同方式开展朗读活动,在活动中有意识地强化语音、语调训练,让学生深刻体会不同语调所体现的情绪和背景,平时多引导学生听录音朗读,多跟读,尽量学习和领会录音中的朗读技巧。

教师上课时务必少用母语组织教学,尽量打造全英式英语课堂,其实这正是一种潜移默化的听力训练。如果学生刚开始的时候因为听不懂而导致交流困难,教师可以适当通过一些直观的图片、肢体语言或少量的中文解释帮助其理解。只要教师能做到持之以恒,学生的听力水平定会日渐提升。

(二)优化听力课堂教学,加强听力技巧训练

为了满足学生的听力训练需要,教师要着力优化英语听力课堂,可以从

整合资源、运用多媒体技术和训练听力技巧等方面下功夫。

教师要整合利用课本及网络教学资源，创设真实的语言学习环境，如开展丰富多彩的语言交际活动、进行内容多样化的听力训练等。

教师要提升多媒体技术和网络技术的应用效率，增强英语听力课堂的趣味性和灵活性。如选取包括英文歌曲及英文电影在内的高质量自然语言为听力材料，由浅入深，循序渐进，培养学生英语语感，调动学生学习积极性。

教师要重视学生的课前预习和自主探究，以学促教，以教导学，培养学生的自主学习和小组合作能力。教师可通过设计高效导学案来组织学生开展小组自主学习，科学引导他们积极创新，及时反馈，反思改进。

教师要结合中考听力题型，有针对性地进行听力技巧训练。目前，中考听力部分主要包含听句子、听对话、听短文和听信息等模块，2022年中考新增加了情景对话。总体来说，考核方式灵活多样，内容由浅入深，旨在综合考察学生的英语听力理解水平。教师可制订详细的听力技巧训练计划，通过分析题型特征来总结听力答题技巧。下面以听对话这一板块为例做详细说明。

该题型主要考查学生获取所听对话的具体信息和观点态度的能力，包括人物关系、时间、地点、数量、原因、目的等。有时候还需要学生对所获取的关键信息进行加工处理才能准确作答，如比较筛选、数字运算、同义转换、因果关系判断等。学生可以加强听前、听中、听后的技巧训练，逐步提高答题成绩。听录音前，先快速浏览问题和所给选项，通过分析比较来预测对话背景，判断人物身份及相互关系，进一步把握对话的中心内容；听录音时，要着重听懂对话大意，同时也要善于捕捉关键信息，可通过边听边记的方式来分析各答题选项；听完后要及时进行合理推测和判断，理解特定情境中对话的含义，合理取舍，准确作答。

（三）注重学生的背景知识积累和心理素质培养

在英语课堂上，教师要积极拓展课外的西方文化知识，帮助学生更好地理解中西方文化差异，同时也要鼓励学生在课后通过影视作品、网络等渠道学习西方文化，加强知识积累，促进听力水平提升。

加强学生心理素质培养，帮助学生克服听力心理障碍，也是提升学生听力成绩的有效举措。教师要结合班级学生实际，合理实施赏识教育、挫折教育和专注力培养教育，帮助学生树立信心，排除杂念，敢于面对困难。在听力课堂教学中，教师要善于营造轻松的听力环境，如安排一些有利于放松身心的小游戏，播放一些轻松愉悦的试音音乐，等等。在日常的听力训练材料选取上，教师也要尽量做到多把关、细思量。

总的来说，初中基础年级的听力教学是培养学生英语综合运用能力的关键环节，也是学生中、高考英语提分的重要保证。全体英语老师都要多加重视，刻苦钻研，积极探索科学、高效的基础年级英语听力教学新模式。

参考文献

[1] 刘雅娣. 初中英语听力有效教学策略 [J]. 外语学法教法研究，2008（3）.

[2] 赵世杰. 浅析英语听力教学的方法和策略 [J]. 中国校外教育，2010（8）.

[3] 朱艳华. 英语听力成绩与听力焦虑的相关研究 [J]. 江西金融职工大学学报，2010，23（2）.

基于思维品质培养的初中英语情境教学实践探索

广东省阳江市阳西县奋兴中学 陈玉婷

《英语课程标准》指出:"外语是获取世界各方面信息与进行国际交往的重要工具。"英语教学不是单纯地传授知识和技能,而应该成为语言的实践过程。学生学习英语需要不断地进行交际活动,在具体的情境中应用英语;同时也需要具备良好的思维品质,这样才能正确地在具体的情境中使用英语。这也是不少英语教师尝试依托情境教学法培养学生思维品质的主要原因。从情境教学法概念界定来看,其包含多种形式的情境,比如生活展示类情境、实物演示类情境、图画再现类情境、活动类情境、音乐渲染类情境、表演体会类情境、语言描述类情境。不同情境的作用有所差异,但其本质都是建构学生思维与知识间的联系,帮助学生更加有效、轻松地学习。为此,广大英语教师应深入研究情境教学法,探索有利于学生思维品质提升的英语教学情境。

一、实物情境,深化学生的形象思维

初中阶段的学生思维处于具象思维向抽象思维过渡的阶段,他们思考问题时仍然需要依靠具体的事物,过于抽象的知识对于初中学生而言学习难度很大,容易致其丧失学习兴趣和自信。基于此,初中英语教师在教学过程中应积极为学生创设实物情境,以实物展示的方式呈现英语知识,将抽象的英语知识具体化、形象化,以此深化学生的形象思维,帮助学生更深刻地、准确地理解抽象知识。例如,在指导学生学习英语单词时,可以创设实物情境,通过展示单词代表的事物,帮助学生快速理解单词意思,掌握单词用法,提高学生的单词记忆效率。

例如,人教版九年级《英语》Unit 5 What are the shirts made of?这一单元教学,需要学生掌握 chopstick、coin、fork、handbag、balloon、blouse 等描述具体事物的单词,指导学生学习这类单词最好的方法就是提供实物,通过实物展示,引导学生一边回想实物,一边回想单词,让学生在具体的、形象的实物情境中快速记忆单词,也通过实物情境进一步深化学生的形象思维。

二、问题情境，培养学生思维深刻性

问题是知识的起点，没有问题，谈何学习？提出问题—解决问题的过程就是学生思维发展的过程，也是学生自主思考、运用思维的过程。培养学生的思维品质离不开有价值的问题。在初中英语教学中，教师要促进学生思维品质的发展，就必须抓好问题这一要素，积极为学生创设有效的问题情境，以问题启发学生思考，引导学生运用思维，进而达到培养学生思维深刻性的目的。

例如，教学人教版《英语》Unit 6 Do you like bananas? 这一单元内容时，教师可通过设计有梯度的问题串引导学生深入思考。如："Do you like bananas?" "Why?" "What do you think of bananas?" "What fruit do you like best? Can you tell me the reason?" 从基础性问题到有难度的问题，循序渐进地激发学生探索和挑战的欲望，层层深入地引导学生思考，逐步培养学生的思维深刻性。

三、活动情境，培养学生思维活跃性

活跃的思维是提高学生解决问题能力的关键，也是学生学习语言知识的重要思维品质。与活跃思维相对应的是定势思维，定势思维容易导致学生走进思维的"死胡同"，影响学生学习及解决问题的效率。基于思维品质培养的初中英语教学实践中，英语教师可积极创设活动情境，通过丰富多彩的课堂活动激发学生思维，调动学生思维活跃性，提高学生课堂参与度。

例如，教学人教版《英语》What do you think of game shows? 这一单元时，就可以在课堂上开展游戏活动，如对话活动、表演活动等。以表演活动为例，给学生设计一个"Weekend Talk Show"任务，要求学生三人一个小组，分别扮演角色host、hostess、guests，进行电视节目访谈演示，谈论各自对TV shows的看法。为避免学生盲目无效的表演，教师可以提前给学生一个talk show的范例。借助表演活动情境，让学生亲历访谈节目，仿若置身真实访谈之中，激发学生的学习兴趣，同时也能打开学生思维，启发学生各抒己见，自由表达，以此培养学生的思维活跃性。

四、思维导图情境，培养学生思维开放性

思维导图既是一种思维模式，也是一种教学工具。随着课程改革的深入，思维导图已经被广泛应用于各个学科教学之中，在英语教学中也早已大显身手。比如指导学生绘制词汇类思维导图，帮助学生实现词汇的拓展延伸

和大量积累，还有利于提高学生词汇记忆效率；绘制语法类思维导图，帮助学生建构语法体系，提高学生语法理解和应用能力；绘制写作类思维导图，有利于学生理清写作框架，完善写作细节，提高学生写作水平；绘制阅读类思维导图，深化学生对文本的理解，帮助学生从细节到整体，全面把握文章内容和主旨。不管是学习词汇和语法，还是进行阅读和写作，都可以运用思维导图绘制出思维活动的过程。因此，在初中英语教学中，英语教师也可以指导学生结合情景绘制多种类型的思维导图，引导学生在绘图中开阔思维，进而达到培养学生思维开放性的目的。

一言蔽之，教学情境是课堂的基本要素，情境教学法是课程改革的必然选择。立足于学生思维品质发展的初中英语教学情境应该源于学生生活，形象生动，便于激发学生情感，当然还必须与学科知识紧密联系，具备较强的问题意识。作为新时代的英语教师，我们应积极为学生创设实物情境、问题情境、活动情境、思维导图情境等多种教学情境，以丰富的情境增强学生学习兴趣，激活学生思维，提高英语教学效率。

参考文献

[1] 喻艳霞. 初中英语阅读课有效提问策略探究[J]. 英语教师，2019（8）.

[2] 李珞. 关于初中英语话题教学的实践与思考[J]. 英语画刊（高级版），2020（9）.

[3] 周小娟. 例谈初中英语整体性阅读教学：以译林版英语七年级上册 Unit 5 "Let's celebrate！" Reading A 为例[J]. 中学教学参考，2021（22）.

微视频在初中英语听力教学中的应用探索[①]

广东省阳江市阳西县奋兴中学 陈玉婷

据相关统计可知,在人们日常交往活动中,有大约50%的信息都是靠听获取的,听是语言输入的重要途径之一。但是,传统英语教学模式单一、教学方法统一、教学资源有限,导致大部分学生英语学习积极性不高,听力能力的发展更受限制。随着互联网和信息技术的高速发展,智能手机、移动终端等广受学生喜爱。针对这一时代背景,教师开始从新的角度探索初中英语听力教学,微视频的应用就此而生。这是一种能激发学生学习兴趣、调动学生积极性,并且拓宽学生学习空间和时间的教学方法,也为创建一种新的教学和学习方式提供了可能。

一、微视频在初中英语听力教学中的应用价值

(一)有利于英语听力与会话高水平教学资源的整合利用

英语听力教学对授课教师的语言能力和专业能力要求非常高,但现实中具有高水平相关能力的英语教师凤毛麟角,大部分教师是通过多年教学累积经验,并不断成长起来的。而有了微视频,教师只需要精心制作视频内容,并且和移动终端相结合,就可以实现资源共享,将资源利用最大化,无差别地给学生提供最优质的教学资源。

(二)满足学生的个体化差异需求,真正做到因材施教

微视频既可以应用于课堂教学,也可以应用于课前预习和课后复习。教师只需要在网络学习平台上传视频内容,学生就可以选择相关内容进行学习和复习,教师也能在网络上针对学生提出的问题进行答疑。这样就实现了教师与学生的一对一对话,也实现了教师在同一时间内进行一对多辅导。这不仅提高了教学效率,也真正满足了学生个性化差异需求,有效地落实因材施教的精神。

---

① 本文原发表于《教育学》2019年第10期。

（三）顺应碎片化学习时代的需求

在互联网教育引领下，学生的学习时空处于分散状态，学习媒体越来越多元化，学生注意力的稳定性也越来越差。针对这些现状，我们需要开发出真正有利于提高学生学习效率、适应碎片化学习的新方法。微视频教学就是这样的方法。通过设计围绕单个关键词或独立知识点的微视频内容，构建完整的符合学生学习方式和身心发展规律的教学视频。

二、基于微视频的初中英语听力教学模式的设计

要想培养学生良好的听力习惯，提高学生的听力能力，我们根据学生身心发展规律和英语听力教学特点，结合微视频教学的优点，设计如下四个阶段。

（一）鼓励学生多听、常听，培养学生英语语感

很多学生之所以听力能力差，理解不了听力材料中的内容，关键在于英语语感差。这种语感不仅影响学生听力学习效率，还会制约学生发音、语调等的准确性。所以，要想提高学生的听力能力，我们可以制作一些内容简单、素材活泼、语速较慢的听力微视频。视频内容要广泛，且富有寓意和悬念，这样能够培养学生良好的听力习惯，帮助学生克服畏难情绪。

（二）培养学生良好的听力习惯

听力习惯是否良好决定着学生的听力学习效率。比如在听英语短语过程中，如果发现生僻词汇，不要紧张或害怕，要学会抓大放小，结合上下文猜测词意。针对这一阶段教学，我们可以选取知识性强、与学生生活息息相关的题材，让学生边听边填空或进行概括视频主要内容的练习。

（三）丰富课堂听力素材，加强听力训练

当学生养成正确的听力习惯后，我们需要对学生进行大量的听力训练，此时教材中的听力对话和听力短文就是非常好的素材。我们每一节课都可以将这些听力材料配上动画和图片，制作成微视频，先让学生观看带字幕的视频，然后观看不带字幕的视频。比如教学"Can you play the guitar?"这一节课时，我们可以将1a录音转化为带图片的视频，让学生跟读并模仿视频中的语音、语调；然后听1b录音，将对话内容按照听到的顺序编号；接着再出示1b带图片和动画的视频内容，让学生跟读；最后让学生根据1a、1b的

内容进行小组练习。这样的听力训练,不仅调动了学生的参与积极性,而且还加强了听力对话训练的力度,有利于提高学生的听力能力。

(四)整合词汇量大的视频内容

我们需要多听取学生的意见,及时了解学生词汇量的情况,结合学生实际情况播放更多词汇量大的视频。每一次学生观看视频后,我们都可以组织学生开展竞赛活动,以小组为单位,进行词汇积累大比拼。这样不仅能丰富课堂教学形式,而且能帮助学生克服听力中的词汇难关。

微视频运用于课堂教学,不仅有助于调动学生学习积极性,而且有助于实现针对性教学,丰富教学资源,提高教学效率。值得注意的是,利用微视频教学仅是一种助力手段,要想真正提高学生英语听力能力,学生依然需要对学习内容进行反复练习,并持之以恒。

参考文献

[1] 孙程. 初中英语听力理解策略研究 [J]. 黑龙江科技信息,2011 (7).

[2] 梁乐明,梁锦明. 从资源建设到应用:微课程的现状与趋势 [J]. 中国电化教育,2013 (8).

在初中英语阅读教学中培养学生跨文化意识

广东省阳江市阳西县奋兴中学　陈玉婷

一、初中英语跨文化意识的意义及教学现状分析

每个民族、每种语言都有其独特的交流方式，学习一种语言的最好途径是深入了解该民族的文化和语言的交流思维。比如，中国人打招呼会用"吃过了吗？"，中国人被夸赞时会谦虚地说"哪里哪里"；而西方人打招呼则会用"How are you?"，他们面对夸赞时会说"Thank you."。这些都是文化意识上的差异。我们只有真正明白了所学语言的文化意识，才算真正学会了这门语言。

在"双减"背景下，初中英语教师应该更多地从认知和方法入手，高效利用课堂各教学环节，采用多元化教学方法进行跨文化意识的英语教学。但是，目前还有不少英语教师使用传统、单一的教学模式进行授课，对西方文化和西方思维的学习和关注不多，忽略了学生对英语进行综合运用的能力的培养。部分教师在跨文化意识培养的教学方法上固守旧有经验，不主动更新教学方法，归根结底在于其对学生文化意识培养存在错误认知，觉得这对学生成绩的提升无关紧要，且不能立竿见影。这些都与《英语课程标准》里的文化意识培养要求相违背。

二、初中英语跨文化意识阅读课堂的构建策略

跨文化意识的培养要在学习和应用两个环节同时进行，在基础学习中培养意识，在语言使用中强化意识。初中英语阅读教学作为培养学生跨文化意识的主阵地，需要教师在每个教学环节通过多元化的教学方法来进行渗透与训练，让学生掌握这门语言的意识和思维。

（一）充分利用词汇语法的基础学习，培养学生的跨文化意识

词汇和语法是英语学习的基础，也是阅读教学中的关键环节。教师在进行词汇和语法等基础知识教学时如何引导学生了解中西方文化差异，对培养学生的跨文化意识尤为关键。随着信息技术的不断发展，阅读课中的词汇教学方式越发地灵活多样。教师也可以结合多媒体的使用让单调枯燥的语法教

学变得更加丰富多彩。在课堂教学中,教师要善于让西方的文化思维以更多的形式结合基础知识教学展现出来,以此激发学生的学习兴趣,培养其跨文化意识。比如,在学习 custom, namaste, be supposed to shake hands 等词汇的时候就可以通过 PPT 展示一些相关形象的有趣图片,也可以从互联网上剪辑相关的影视片段,把这些语法和词汇融入真实的语境中,让学生在相应的文化情境中进行基础知识学习。

此外,教师还要引导学生从读音上体会中西式思维的差别。比如,在西方思维里,否定和拒绝别人往往应直接而果断,所以当西方人说"no"的时候,读音往往是果断直接的。而中国学生却很少能通过一个简单的词汇表现出西方文化的情绪,因为基于中国人的交流思维,否定和拒绝别人往往会以委婉的口气去表述。因此,如果不能理解文化思维意识上的差异,学生使用的就只是中文式英语。

(二) 巧妙使用问题引导教学法,培养学生跨文化意识

跨文化意识的培养,要体现在语言的运用上。让学生用西式的思维进行英文的表达,关键在于能否给学生创造更多情景训练的机会。问题引导教学法在初中英语阅读教学中的运用可以有效提升学生的口语能力,强化西式思维的训练,是一种能让学生在学习、思考、理解和运用这四个环节全面提升的一种深度学习方法。比如,在"Sad movies make me cry"单元的阅读教学中,教师可以通过不同情景设置问题,引导学生从多方面理解课文背景,并用西方的交流思维来组织语言回答问题,要求学生回答问题时要有情绪和感情,通过表情和肢体语言加强语言的表现力。以这种方式进行教学,可以让学生更注重英语背景知识的理解和使用,从而达到培养学生跨文化意识的目的。

(三) 开展小组合作交流学习,培养学生跨文化意识

如果说词汇和语法积累是铺垫,教师的情景提问与结合背景回答是探究,那么小组内学生交流就应该是阅读教学的升华了。学生可以以小组为单位,围绕一个话题展开交流,将自己的所思所想通过前期的学习积累和文化意识的培养转换成纯正的英语语句进行表述,相互交流。这种方法能以更加合理的方式整合不同基础的学生,让他们进一步理解课文内容,并融入课堂。在提升语言知识运用效率的同时也让学生真正学到西方的文化交流意识与思维。对此,我在教学"Life is full of the unexpected"这一节阅读课时深有体会。我把学生分为 6 人一组,让他们模拟短文中的角色和背景并运用所

学知识讲述自己所遇到的"意外事情"。在讨论过程中，我制定了相应的规则：第一，要求组内每个成员都必须发言，且必须用西式的交流习惯；第二，讨论期间最多使用3次中文，其余时间必须使用英文。如果说在课堂的教师提问环节学生会存在压力和顾虑，那么学生在面对同辈时往往更愿意畅所欲言。整个学习气氛轻松愉悦，学生在角色模拟中体会了中西方文化的不同，既习得了英语表述的技巧，也提升了对所学语言知识的认识。

总而言之，跨文化意识培养的重要性应得到教师的重视，并且广大英语教师要结合自己的阅读课堂现状创新教学方法，努力将文化意识培养真正融入自己的日常教学中，才能让学生的英语学习迈上一个新台阶。

参考文献

[1] 陈辉. 高中英语教学中培养学生文化意识的策略探究［J］.英语教师，2020，20（17）.

[2] 章晓一. 在初中英语阅读教学中培养学生的跨文化意识［J］.英语画刊（高中版），2021（23）.

[3] 刘巧玉. 如何在初中英语阅读教学中培养学生的跨文化意识［J］.英语教师，2021，21（3）.

初中英语听说教学现状与完善策略

广东省梅州市五华县萃文中学　邓丽萍

在应试教育背景下,英语教学只注重读和写而忽略听和说,这在提高学生的英语测验成绩上起着一定的作用。然而,英语是一种交流工具,在学习英语的过程中,听力是对信息的理解和吸收,而口语则是信息的传递和表达,两者相辅相成,都对提高学生的英语水平具有促进作用①。但是,由于长期受传统应试教育的影响,初中生的听、说教学现状并不理想。在当前的英语教学中,有些教师只注重识字能力的培养,而忽略了听力和口语的培养,这样必然导致学生只会考试而不会用英语交流。

一、初中英语听说教学现状

(一) 观念传统,重读写而轻听说

从中国目前的英语教育现状来看,中国的口语教学仍是一个非常薄弱的环节,尤其是在初中阶段。由于升学考试的压力和应试训练的局限性,初中阶段的英语教学通常不注重英语听力、口语能力的教学和考试,因此难以形成重视听说的教学观念。这种传统的教育观念限制了初中生英语听说能力的提高,也阻碍了他们对英语课的深入理解。

(二) 读写好抓,听说难教

在初中英语教学实践中,英语教师能想方设法、下足功夫提高学生的英语听说能力。但就教学效果而言,很难从考试的角度来评估学生的英语听说能力。目前,学生从小学三年级起学习英语,但是不同学生的学习习惯和能力不同,这使英语的教学效果也不相同。随着时间的推移,学生上了初中以后,教师想要提高学困生的听力和口语水平,则会变得更加困难;加上不同学校师资力量不同,学习环境和学习氛围的差异也是导致学生英语水平参差不齐的重要因素。

---

① 汤建华:《初中英语听说教学问题分析及策略》,载《辽宁教育》2018 年第 3 卷第 11 期,第 20-21 页。

（三）缺乏一定的文化环境

在当前的初中英语听说课程中，甚至整个初中英语教学过程中，很多教师往往过于注重提高学生的语言能力和考试成绩，而忽略教授学生外国文化知识。实际上，只有通过提高学生的文化意识，才能进一步拓宽他们的国际视野，从而达到良好的教学效果。

（四）听说教学评价制度缺乏

大多数学校的听说评价方法以考试成绩的汇总评估为标准，但考试成绩受焦虑程度和外部混杂因素的影响，以考试成绩为评估标准则过于单一。就学生学习英语的效果而言，它可能会导致学生缺乏学习英语的信心，久而久之会产生放弃学习的想法。因此，听力和口语的评价制度是否科学、有效，对学生的学习效果和学习兴趣产生了深远的影响。

二、听说教学问题的完善策略

（一）改进"听"的策略

在听说教学课堂上，第一步是 Pre-listening。在这一步骤中，教师可以通过与学生沟通来引导学生进入学习状态，接着要求学生阅读听力材料的内容，然后对听力的内容进行猜想，再带着问题去做听力训练。比如，在进行八年级下册 Unit 7 What's the highest mountain in the world? 学习时，教师可以给学生讲解世界最高山脉的排行，让他们看一下世界最高山脉的图片，从而激发他们对课文内容的兴趣。在这个课程中，让学生在听的过程中掌握文章的含义和关键信息，然后回答问题。在听力训练中，听力问题的类型可以是选择、判断、简答或信息添加、绘画等，但所有学生都需要有能力掌握听力内容的细节。在实践中，教师应尽力选择原汁原味的听力材料。此外，教师应合理地处理在教学过程中遇到的困难和问题，以防止学生的热情受到打击，由此建立学生的学习信心。因此，完成听力训练后，教师应进行适当的口语练习。学完后，教师应引导学生整合听力信息、提高书写技巧，并鼓励学生根据听力内容进行写作①。

---

① 师曼、刘晟、刘霞等：《21世纪核心素养的框架及要素研究》，载《华东师范大学学报（教育科学版）》2016年第3期，第29—37、115页。

（二）改进"说"的策略

有许多方法可以优化初中生的英语口语课。第一，教师应当注重把握学生口语的准确性和流利度。在口语教学中，一方面，教师应鼓励学生大胆说英语。只有允许犯错误，才能提高学生说英语的能力；只有熟练使用，学生才能学好英语。另一方面，教师在纠正错误时应注意用词，以帮助学生建立自信心和提高学习热情。第二，教师营造轻松愉快的学习氛围和语言环境，以缓解学生的紧张情绪，激发他们的学习热情。第三，教师在课堂上提高自己的表达效率是帮助学生提高英语口语的一项重要措施。教师在上课时应小心控制输出量，如果输出过多，则会影响学生的口语训练时间。第四，教师应采用多元化方法来指导学生在教学过程中说英语，如分析和总结、话题讨论、角色扮演等，对话课程是培养学生英语口语能力的一种有效方法。

（三）增强课堂的文化意识

在课堂教学中，教师要积极地向学生讲解中外文化的差异，包括地方习俗、文化背景等知识。在我们国家，熟人相遇时一般使用"吃饭了没有""去哪里玩"这些礼貌性话语来打招呼。但是在与外国友人交流时，如果这样询问，则可能会造成外国友人的误会和困惑。因为在外国文化中，熟人相遇时往往习惯谈论天气或所处的环境等。在语言教学中，教师可以有针对性地介绍外国文化知识，从而避免学生在语言知识使用方面的错误。创建良好的文化意识，理解与吸取外国优秀文化，有助于提高学生的听力和口语能力。

总之，在大力倡导构建人类命运共同体的今天，英语作为一门国际化的交流语言，在初中教育教学中的地位不言而喻。因此，我们一线英语教师需要紧跟时代的步伐，立足当前的英语教学现状，及时更新教学理念，积极采取有效措施，在课堂教学中进一步加强学生听说技能训练，从而稳步提升学生的英语听说水平，助力英语教学的高质量发展。

参考文献

[1] 汤建华. 初中英语听说教学问题分析及策略 [J]. 辽宁教育，2018，3（11）.

[2] 师曼，刘晟，刘霞，等. 21世纪核心素养的框架及要素研究 [J]. 华东师范大学学报（教育科学版），2016（3）.

[3] 田亚娟. 初中英语词汇情境教学模式的建构途径 [J]. 当代家庭教育，2020，10（35）.

核心素养理念下的初中英语个性化分级阅读模式探究

广东省珠海市唐家中学　江晓纯

学生受不同学习习惯、爱好等影响，在英语学习方面会呈现出不同的学习情况。鉴于此，在日常英语阅读教学中，英语教师应秉持因材施教的观念，将分级阅读教学工作落实到底，以促使每一个学生的阅读能力得到发展。所以，英语教师应积极反思课堂教学现状，探索更有针对性的教学策略，力争凸显分级教学实效性，切实提高所有学生的英语阅读综合能力。

一、立足学生现状，展开合理分级

对学生开展分级阅读教学，需要依据学生的阅读能力及学习状况做好分级计划。一般而言，这里的分级并不是纯粹地对学生进行成绩等级评定，也不是直接评价学生在某方面能力上的差异，而是要求教师因人而教。通过合理的分级教学，有利于教师了解学生的学习现状，依据个人的教学经验，从各个学生的本位出发，寻求适合各层次学生的英语阅读方式。例如，在英语授课前，教师应将英语知识量大、学习能力强的学生划分至 A 层；将词汇量适中、学习能力适中的学生划分至 B 层；将综合能力稍低的学生划分至 C 层。组织 A、B、C 层学生合作，共同围绕阅读内容展开对话练习、合作讨论等，引导其表达个人的想法，以及互相补充词汇、语法等[1]。C 层学生在阅读过程中一旦遇到不懂的词汇、语句等，要及时向 A、B 层同学及教师请教。而 A、B 层的同学，则要学会如何成为小老师，帮助他人进行高效的阅读。通过"互惠互利"的方式缩短 C 层同学与 A、B 层同学间的差距。这一过程，既能增强 C 层同学的信心，也能强化 A、B 层学生的阅读能力与语用能力，从而促进各层次学生相互进步，在英语阅读学习方面取得更大的造诣。

二、围绕学习目标，实施分级阅读

所谓的英语学习目标分级阅读，就是围绕学生不同的学习能力而设计不

---

[1]　罗益峰：《分级阅读在初中英语阅读教学中的实践探究》，载《中学课程辅导（教师教育）》2020 年第 24 期，第 24 - 25 页。

同的阅读目标。一般来讲，英语阅读学习目标要跟根学生不同的学习程度而发生变化，每一次改变都需要与学生的实际学习状况相适应。例如，对于 C 层学生，要培养其基础的阅读能力，帮助其掌握基础的阅读技巧。对于 B 层学生，要加强引导他们挖掘更大的阅读潜能。对于 A 层学生，要适当拓展其阅读范围，从而进一步延伸其阅读视野，全面提高其阅读水准。例如，在日常推荐阅读内容时，教师应在学生认知水准、智力基础、阅读水平等基础上，要求 C 层学生逐步掌握固定的词汇量、词组，并进行简单的英语阅读，以此巩固基础内容。对于 B 层学生，在掌握词汇的基础上，还要掌握重点句型，挖掘更多英语学习的可能性，并向其推荐一些"拔高类"的英语阅读篇章①。对于 A 层学生，要求其在阅读之中掌握各种语法技巧，要求学生在阅读后能够模仿相关句式进行英语仿写训练，从而提升阅读水准，强化写作能力。这种教学方法可有效地提高学生的英语综合水准，从而实现英语分级阅读教学的目标。

三、分级阅读作业，激发学生热情

伴随新课标的不断改革，传统的英语阅读教学方式失去了高效性、科学性，很难提升学生的英语阅读水平。基于此，在实施英语阅读教学任务时，要充分展现学生的主体地位，激发学生对英语阅读的能动性，促使其高效地完成学习任务。为此，英语教师在布置英语作业时，应充分考虑学生的不同水准。在布置书写作业的基础上，适当布置阅读作业，以确保每一名学生都能坚持利用课余时间进行英语阅读，从而提高个人英语阅读能力②。例如，在教学"What did you do last weekend?"时，当教师指示学生阅读"A Weekend to Remember"时，教师可参照不同学生的英语成绩、学习兴趣等为学生设计不同的阅读练习目标。又如，C 层学生只要从中找出英语生词，并了解英语生词的含义即可。B 层学生，可在 C 层学生的学习目标基础上，尝试着翻译全篇文章，并灵活应用其中的生词等。而 A 层同学则要针对文章中的重点句式及语法等进行语篇仿写，以此有效锻炼其写作能力。在分级阅读作业模式下，不同能力级别的学生都能顺利完成任务，并在完成学习任务过程中超越自我，从而提升学习信心，形成优良的英语阅读意识与习惯，为日后提高英语综合水准积蓄能量。

---

① 何小妹：《尊重个性化，践行分级化：以初中英语分级阅读教学为例》，载《中学生英语》2020 年第 22 期，第 98 页。

② 谢昱：《初中英语个性化分级阅读模式初探》，载《新课程（中学）》2017 年第 8 期，第 119 页。

总而言之，加强初中英语个性化分级阅读模式的研究尤为关键，这不仅是提升初中生英语核心素养的根基，也是培养新时代英语人才的重中之重。作为初中英语教师，应加强对核心素养的理解，积极引入分级阅读理念，为学生打造极具针对性、个性化的教学方式，以此提高学生英语阅读学习的效率与质量。

参考文献

[1] 罗益峰．分级阅读在初中英语阅读教学中的实践探究［J］．中学课程辅导（教师教育），2020（24）．

[2] 何小妹．尊重个性化，践行分级化：以初中英语分级阅读教学为例［J］．中学生英语，2020（22）．

[3] 谢昱．初中英语个性化分级阅读模式初探［J］．新课程（中学），2017（8）．

客家优秀文化在初中英语教学的有效渗透

广东省梅州市兴宁市陂西中学　卢伟英
广东省河源市东源县教师发展中心　朱妙芳

我们在学习、兼收外来文化的同时，要注重对本族文化的传承。在日常教学中，初中英语教师要立足实际学情、结合具体教学内容、采用形式多样的教学方法向学生介绍中华传统文化，在丰富学生知识、提高学生文化修养的同时促进客家传统文化的传承与发展。

一、深入挖掘文本阅读，融合客家优秀文化

教材是一切教学规划与活动的基本依据与出发点。在初中英语课程教学中，为有效渗透中华优秀传统文化教育，教师首先要以教材内容为依托，通过认真研究与阅读，深入挖掘教科书中潜在的文化价值与提取客家优秀传统文化元素。同时，在实际的课堂教学中，初中英语教师应当结合教材知识，有意识、有目的地渗透客家传统文化，增强学生的文化自信。例如，在开展"Do you like bananas?"这个单元教学时，教师通过创设生日派对的情境，呈现主要教学内容，让学生学习询问"吃什么""喝什么"的句型表达以及常用的就餐用语，知识方面是食物名词的表达、可数名词和不可数名词的用法和区别。这时，教师可以适当地拓展教学内容，组织学生谈论客家优秀的传统饮食文化，并设置以下问题给予提示：What are the staple foods that Hakkas like to eat? What wine table culture is there in Meizhou? What traditional Hakka foods do you like most? 学生可能会说出以下内容：中国客家地区传统主食有馒头、米饭、包子、粽子、腌面等。餐桌礼仪方面，宴请客人要提前发出邀请，主人家不能迟到，宾客也不应该迟到；如果坐的是圆桌，正对着大门的是主座，需请客人先入席上坐，再请长者入座，客人依次入座；正式进餐时先请客人、长者动筷，夹菜时只拿一些，不能站起来夹菜；吃饭时不要发出声音，喝汤时也不要出声响，不能用筷子打击碗碟；等等。最后，教师可以向学生介绍说，客家人很讲究用餐的礼仪，这也是受中华传统文化的影响。筵席中的餐桌礼仪尤多，无论是座位的安排、菜肴的摆放，还有席间的送菜敬酒都讲究规矩，处处体现主随客人、长幼有序的儒家伦理思想。客家饮食礼仪处处充满了传统文化的气息。如此，帮助学生了解更多的中国饮食传统文化与就餐礼仪，培养学生礼貌待人接物的习惯和素养。

二、对比中西文化差异，增强中华文化自信

从文化教育总体来说，中西方文化的差异较为显著；从语言视角来看，中华优秀传统文化在英语教学中起着重要作用。一方面，作为对比工具可以体现出西方文化的特征，这有助于学生深入理解祖国文化；另一方面，在对比中能够激发学生了解中西文化差异的强烈求知欲望。因此，在日常教学中，初中英语教师要善于利用中西方文化对比，强化中华优秀传统文化教育，与学生一起分析和研究中西方文化的不同，帮助他们形成高度的文化自信与文化自觉。例如，在"Let's celebrate!"教学实践中，该话题围绕一些中外知名节日的时间、庆祝方式等展开，其中，Section A 部分的课文"Christmas"主要介绍圣诞节，属于西方节日的代表；Section C 部分的课文"The Spring Festival"的主题是春节，属于中国节日的代表。该话题本身就具有强烈的对比性。首先，教师带领学生学习教材内容，找出和对比圣诞节与春节在风俗习惯方面的不同，使学生初步感受中西方文化的差异，培养他们的跨文化意识。接着，教师设置问题：What's your favorite Chinese traditional festival? What customs do you know in this traditional festival? Do you like traditional Hakka or Western festivals? Why? 组织学生分组讨论，交流最喜欢的客家传统节日，分享节日风俗，讨论自己喜欢客家传统节日还是西方节日，并简单阐述理由。这样，学生通过对问题的探讨，加深对祖国传统节日意义的理解，在师生共同努力下发掘传统节日蕴涵的中华美德与文化精髓，在对比中加深对中西方文化差异的认识，从而正确看待外来文化，认同和弘扬民族文化。

三、巧妙展开文化差异，渗透慧智传统文化

虽然中西方文化差异较大，但是在某些方面也有着相似之处。近些年来，中西方文化交流频繁，双方相互学习，国家之间进一步加深了文化的融合程度。在初中英语教学过程中，教师应结合教材内容，寻找同中华民族传统文化相似的西方文化，并适当补充课外内容，积极开阔学生的文化视野，引领他们运用英语语句描述中华优秀传统文化，达到英语教学和中华优秀传统文化相互促进与相互结合的目的。例如，在"I'd like some noodles?"Section B 单元教学中，单元的中心话题是"生日"，以生日宴会为主线，讲述日期、出生时间与地点、生日聚会活动和感受等知识。学习完教材内容以后，教师可以组织学生分析与研究中西方的生日文化，搭配以下引导性问题：What do you usually do on your birthday? What Western birthday culture do you know? What is your dream birthday party like? 引导学生说出生日当天经常做的事情、自己所了解的西方生日文化，以及梦想中生日聚会的样子。他们可能会说出以下信息：自己生日时吃红鸡蛋、寿面、寿糕、寿桃、生日蛋糕、唱《祝你生日快乐》歌，祝福语是"生日快乐！"，亲朋好友一起吃大餐等；西方人过生日时喜欢和家人、朋友、亲戚一起开派对，吃生日蛋糕，小伙伴们一起玩游戏，唱 Happy Birthday to You 歌，祝福语是"Happy birthday to you!"等。随后，教师可引导学生找出中西方庆祝生日方式的相似之处，使其发现对生日都比较重视，食物、祝福语和歌曲等均有相似之处。

四、加强教材内容整合，培养节日文化意识

在《义务教育英语课程标准（2011年版）》中，"文化意识"是综合语言运用能力的一个组成部分。文化意识包括文化知识、文化理解与跨文化交际意识、交际能力等。因此，教师在实际教学过程中，要充分考虑影响跨文化交际的因素，有效进行跨文化意识教学，从而提高学生英语综合语言运用能力。教师既要紧扣教材，又要活用教材，基于单元整体教学观，将相关文化的单元教材内容与客家传统文化有机整合，或者作为增补内容融入课堂教学。同时，教师还要结合教学目标与学生的学习兴趣，将客家传统节日文化穿插到英语课堂中，让学生在学习英语文化知识的过程中积极弘扬中国传统节日文化，从而增强民族文化自信。例如，学生在学习教材中的"Food"或其他有关食物的英语单词时，教师可以向学生适时渗透客家传统节日，并介绍有关的食物，如端午节的粽子、中秋节的月饼、春节的煎堆等。教师也可从学生喜爱的客家特色食物入手，创设情境，让学生有意识地运用所学的英语句型和词汇表达其对食品的喜恶。这样，不仅丰富了学生关于食物词汇的积累，还在互动的情境中加深了其对客家优秀传统节日文化的了解。

初中阶段的学生情感细腻丰富，具有一定的知识技能储备、生活经验，思维发展迅速。因此，教师在将客家传统节日文化渗透英语课堂时，可引导学生先从情感上认同客家传统节日文化，使其产生民族文化自豪感。文化并非具体实物，无法用感官具体感受，但是学生可以在教师精心创设的情境中，基于主题语篇的阅读，或者在口语交际过程中感知文化、感悟人生。例如，当教材涉及西方节日的月份、活动及意义时，教师也可抓住契机给学生讲客家传统节日，组织学生在课前了解客家传统节日背后的文化故事以及民风、民俗，通过比较中西方节日文化的异同，让学生深入了解节日的由来，从而对客家传统节日产生感情，让学生从心里认同并喜爱客家的传统节日文化。

五、跨文化学习共同体，多元文化求同存异

世界人类文化走向是全球化趋势下的多元文化的大融合。文化全球化和多元化是人类文化发展矛盾体中既对立又统一的两个方面。客家饮食文化和西方饮食文化比较注重食品的原汁原味，而客家人则更善于菜品的传承与创新。客家餐桌礼仪和西方酒桌礼仪在服装要求和就餐礼数方面有很多共同点，但客家人在传统儒家伦理礼仪方面有非常高的要求。客家节日文化和西方节日文化都能在人文方面有很好的寓意，而客家人对节日文化则更重视亲情的输入与输出。学习语言技能需要讲究适宜的方式，在尊重中西方文化差异的同时弘扬本族传统文化，因此，教师需要创设一定的情境，让学生在真实情境下开展学习活动，培养学生优良的思维品质。

总而言之，在新时代下的初中英语课堂教学中，教师应当注重渗透中华优秀传统文化教育，结合学生实际情况，从多个方面做好引导工作，将西方文化与客家优秀传统文化有机融合，从而增强学生的文化自信和民族自豪感，使其主动传承与发扬客家文化，批判性地吸收外来文化。

参考文献

[1] 彭杨. 初中英语教学中中国文化缺失问题研究 [J]. 英语广场, 2020 (2).

[2] 熊亦波. 例谈如何在英语课中上好中国文化课 [J]. 基础外语教育, 2019 (4).

[3] 王保洲. 在初中英语教学中渗透中国优秀传统文化的策略 [J]. 初中生世界（初中教学研究），2020 (2).

汉语迁移现象对初中读写综合的影响及提高学生读写能力的有效对策

广东省梅州市兴宁市陂西中学　卢伟英

新课程标准以培养学生综合语言运用能力为总体目标，把语言技巧（即听、说、读、写）放在内容标准的首位。众所周知，人的语言能力的养成，应以发展语言技能为出发点，而读写则是英语听、说、读、写四项技能中的最高技能体现。读写综合旨在检测学生阅读素养、理解运用和书面表达的能力。读写综合包括两大方面：一是阅读，即用英语思维来读范文并回答任务话题；二是表达，即如何使用英语语言的特点把内容表达出来。就农村初中生而言，有的学生词汇匮乏，表达单一；有的学生想象丰富，思路开阔；有的学生词汇量大，但语言表达却苍白无力。为什么会出现这样的情况？我们应如何有效提高学生的读写能力？

一、存在的问题

（一）语言思维的异同

每当我们读英语篇章时，都能直接地感受作者的意图和目的。这是因为，在文章开头部分，作者通常会用一个句子把主题思想明确地表达出来。学生长期受汉语文章写作思维模式的影响，在开始写英语作文时，缺少"主题思想"这一概念。

（二）汉语负迁移

比较研究发现，汉语的意义表达是由实词的意义和语序来承载，语言与意义挂钩。然而，拉丁语系的英语却是由连接词、关系词、介词等紧密关联的语言，词语连接成句、短语连接成句、分句连接成句，连接词、关系词以及介词等均起重要作用。英语的问句，不管是特殊疑问句还是一般疑问句，都比汉语的复杂。英语一般疑问句有助动词 do 的使用问题，特殊疑问句有 wh-前移的问题，这都是学生较难掌握的知识。如果在疑问句中再加入 do you think, do you suppose 等插入语，学生就更容易出错。

（三）选词造句的不当

汉语和英语都存在一词多义现象，汉语里的同一个词在英语里有时需用完全不同的词来表示。例如，他坚持要把钱借给我们。（He insisted on lending us the money.）在困难面前，他坚持学英语。（He persevered in learning English in face of difficulties.）有些词常常一起使用，形成词的搭配。学生常常根据汉语的搭配习惯，错误地形成英语单词的搭配。

二、问题的分析及对策

汉语负迁移对学生会产生诸多负面的影响，我们应该想办法帮助学生去克服这个困难。要改变这种状况，需要学生摆脱中文思维，在英语的环境中浸泡、思考、学习，帮助学生养成英语思维，了解英语语言习性，为了解决上述问题，教师应帮助学生做到以下几点。

（一）减少对词汇表的依赖

词汇是英语的引擎。无丰富高雅的词汇，哪能写出优秀的英语作文？写作并非单纯靠背单词。学生要学习课本知识，并通读全文，理解所学的语言知识的内在联系。理解记忆才是持久的。

（二）先读后写，有效模仿

在平时的阅读教学中，教师要加强学生对语篇、结构的分析，有意识地引导学生理解英语习惯的表达方式，揣测英文篇章中作者欲阐述的中心主题思想。开放阅读之前，教师可以向学生呈现课文的段落结构、内容要点、主题等上层结构，进而分析文章的布局、段落、文体、修辞等，目的是让学生清晰地了解英汉文化的差异。一旦学生掌握了上层结构，便会将这一结构视为框架。学生只有将语言同化、将材料吃透，才会在读写综合中规范使用英语。

（三）巧用连接词的妙处

在学习英语篇章里，作者常常运用具有黏合作用的单词和短语，例如，表示添加的词语有 so, in addition to, further more；表示结果的词语有 so, therefore, as a result, consequently；表示对照的词语有 but, however, nevertheless, on the other hand；表示词序的词语有 first, then, next, finally；表示原因的词语有 because, for, as, since；等等。在日常教学过程中，比较注

重语篇分析的老师，会有意识地指导学生去观察英语文章中具有黏合作用的单词或短语的使用，还会在英汉文章风格和结构方面的异同等上层水平结构下功夫，日积月累，就能提高学生的阅读语感和写作表达能力。

（四）学会善用英语思维

教师应指导学生持续阅读、多写、多练，可采用限时阅读，写日记、感想、随笔、见闻等多种形式逐步提高读写能力。

教师应指导学生平时注意多积累、多钻研。学生应在写中学，在读中写，用英语思维学习英语，善于从阅读文章中形成写作方法，这对提高学生的英语核心素养具有促进作用。

参考文献

［1］张绍杰. 面向多元社会需求和多元目标取向培养"厚基础、强能力、高素质"的外语人才：对英语专业教育教学改革的新思考［J］. 中国外语，2010（3）.

［2］冯光武. 把握国标精神、找准学校定位、突出专业特色［J］. 外语界，2017（1）.

［3］马艳. 国外第二语言教师教育的社会文化转向［J］. 英语研究，2016，（3）.

［4］GRAY C. Bridging the teacher/Researcher divide：Master's level work in initial teacher education［J］. European journal of teacher education，2013，36（1）.

［5］朱慧敏，王俊菊. 英语写作的词汇丰富性发展特征：一项基于自建语料库的纵贯研究［J］. 外语界，2013（6）.

指向思维品质提升的初中英语课外阅读作业设计的研究[①]

广东省梅州市兴宁市龙田中学　孙利芬

课后作业是学生巩固课堂教学内容、提高知识运用能力的重要环节。随着时代的发展，教师和家长都对课外英语阅读有了新的认识，作为英语教学中的重要组成部分，积极开展课外阅读活动能起扩大学生视野、发展语言思维等多方面能力的作用。然而，由于课程安排等原因，初中英语课外阅读活动在教育学中的安排并不多。因此，如何借助作业设计，促进初中生基于课外阅读提升思维品质，是教师需要思考的问题之一。

一、利用思维导图，促进学生逻辑思维品质

思维导图在初中英语阅读活动中能够起到很重要的作用[②]。教师可通过关键词促进学生养成发散性思维，借助联想与想象，提高学生创造性思维能力和品质。与此同时，初中生在进行英语学习的过程中，一般习惯性地通过形象思维对相关数据进行接收。在此基础上，利用思维导图可以很好地提升教学质量，对抽象的阅读内容和文章思绪进行梳理，将其转变为概念图，提高阅读效率，促进逻辑思维能力发展。因此，教师也可以让学生结合课外阅读内容制作思维导图，以促进学生逻辑思维能力发展，提高学生对课外阅读文本的理解，丰富其知识储备。

例如，在对人教版九年级全一册 I think that mooncakes are delicious! 进行课外延伸阅读的过程中，教师就可以为学生准备与传统文化、传统食物有关的阅读文章，并带领学生以"中国传统文化和美食"作为主题，结合自己通过查阅课外阅读资料所寻找到的内容，制作出简洁明了的思维导图。通过思维导图设计课后作业，教师可以有效地促进学生信息提取能力和逻辑思维能力的发展，起到丰富学生知识储备，优化课后作业设计方式的作用。

二、开展小组合作，促进学生探究思维品质

多样化的课后作业形式，能够有效打破传统英语作业单纯以抄写为主的

[①] 本文原发表于《广东教学报》2022 年第 3891 期。
[②] 王艳红：《多媒体技术在初中英语教学模式构建中的重要作用》，载《中国新通信》2022 年第 24 卷第 2 期，第 187－188 页。

设计形式，培养学生自主学习能力，激发学生对英语探究的兴趣。① 因此，在基于思维品质开展课后阅读作业设计过程中，初中英语教师可以通过构建学习小组的形式，设计不同层次的作业，让学生在合作中共同讨论阅读资料中的内容，引导学生充分发挥想象力和创造力，以提交小组作业或进行演绎为作业的形式，丰富课外阅读作业设计手段。

例如，通过对人教版初中英语 Should I be allowed to make my own decisions? 这一阅读内容的学习，教师可以为学生构建小组合作的课外阅读任务。根据教师所提出的问题，通过小组讨论交流，共同寻找相关课外阅读资料。小组内部通过讨论与思考，结合课外阅读资料选出最有意义且符合教师所述问题的答案。小组合作形式能够提高传统英语课后作业布置质量，使学生在相互沟通过程中丰富自身经验。又如，有的学生结合《野性的呼唤》中主角巴克的经历故事，认为"I think we should follow the truth of our hearts"，而有的学生则说"I think we should start from reality"。以小组合作讨论的方式，促进学生批判性思维的发展，在相互辩论过程中提高学生思维品质。

三、注重读写结合，促进学生创新思维品质

开展课外阅读是为了丰富学生视野，提高学生知识储备。② 学生英语知识储备和词汇量的提升，对其写作和语言表达能力发展都有着一定影响。在基于思维品质提升构建课后阅读作业时，教师可以通过读写结合的模式，让学生针对课后阅读内容进行续写或仿写。这样不但有利于提高学生对文章内容的掌握和理解，还能发展学生的创新思维，促进学生想象力与创造力的发展。

例如，通过对九年级全一册 I used to be afraid of the dark. 展开学习，教师可以引导学生对《哈利·波特》中，小主角罗恩面对丛林蜘蛛时的害怕、赫敏面对不同问题时的机敏等内容进行阅读。借助原文的故事性，促进初中生自主阅读兴趣的发展，在这之后，教师可以布置课后续写或改写任务，让学生摘选自己认为最精彩的部分，对其结尾内容进行续写，并运用教材中提到的重要词汇，这样不但可以促进学生阅读能力的发展，还能基于读写结合，充分发挥学生的创新思维能力，使学生在续写过程中发挥个人想象力和

---

① 龚旻:《互动式教学模式在初中英语教学中的构建与应用探索》，载《校园英语》2021 年第 43 期，第 135 – 136 页。

② 柴会霞:《基于学科核心素养培育的初中英语阅读教学策略》，载《学园》2021 年第 29 期，第 31 – 33 页。

创造力，创造出更加个性化的内容。

四、融合信息技术，促进学生综合思维品质

　　教师不仅需要通过构建教学活动和课后作业，促进学生逻辑性和批判性等思维的发展，还应当提高学生思维的深刻性，提高学生个人素养和道德品质。初中九年级英语教材中包含着一部分与生活息息相关的内容，教师应结合这些资源，对有关联的课外阅读内容进行延伸，引导学生通过查阅资料、寻找解决办法等方式，发展学生思维品质，促进学生思维深刻性以及个人道德素养的提升。

　　例如，在对 We are trying to save the earth！进行学习后，教师可以为学生寻找与其有关联的英文报道，结合报道中的内容引发学生思考。这时教师可以为学生布置课后作业，让学生通过查找资料等方式寻找解决空气污染、并能为地球做贡献的策略。对于初中生而言，这样的课后作业形式能提高其自主性，在兴趣驱使下主动探索。而学生在主动寻找解决办法时，提高自身责任意识并促进思维发展，有利于学生道德素养的养成，更为高效英语课堂构建提供重要基础。

　　综上所述，课后作业设计能很好地帮助学生掌握和巩固所学内容。因此，初中英语教师在构建课后阅读任务时，应当紧密结合学生实际情况，为学生设计更加多元化的作业形式。教师应认识课外阅读作业的重要意义，应促进学生思维品质的发展，使学生英语学习得到更加全面的提升。

参考文献

[1] 王艳红．多媒体技术在初中英语教学模式构建中的重要作用［J］．中国新通信，2022，24（2）．

[2] 龚旻．互动式教学模式在初中英语教学中的构建与应用探索［J］．校园英语，2021（43）．

[3] 柴会霞．基于学科核心素养培育的初中英语阅读教学策略［J］．学园，2021，14（29）．

探析英语课程标准下农村初中英语听说教学策略

广东省阳江市海陵岛经济开发试验区海陵中学　张燕清

在当前的教育背景下，越来越多的人开始重视英语听说教学。英语作为全球使用最广泛的语言之一，具有重要的沟通功能，而听说能力的提升对初中生综合素质的培养十分重要。在外语学习中，听和说是主要的沟通方式。听是吸收和理解信息，而说是传导和表达信息，听和说的能力相互联系。在进行听说训练的时候，认真"听"能帮助学生加深对语言的理解，多"说"能促进学生表达能力以及语言组织能力的提高。

一、改变教学理念，利用插图法实现教学理念的创新

新课标对初中生有了更进一步的要求，包括基础知识的掌握以及听辨、表达能力的掌握。但是，在农村地区，由于经济相对落后，师资队伍不够强大，大多数教师无法用英文进行全程教学。长此以往，学生无法形成良好的口语习惯，听说能力无法得到有效的提高。究其原因，是教师的教学理念不先进，限制了英语课堂中新方法、新技术的应用。

基于此，教师要更新自身的教学理念，如在初中英语课堂中应用插图法。英语教材的插图包含了大量信息，对于初中生来说，可以吸引他们的注意力。所以，根据这一特点，英语教师要善于将插图所表达的信息和初中生的认知水平及其大脑知识结构结合起来，在两者之间建立联系，促进学生思考。同时，除了教授课本上的知识，教师也要善于利用网络，寻找符合课文内容的图片以及视频，提高学生的学习兴趣和课堂参与度。

二、开展基本英语课外活动，增加学生听说实践机会

在听说能力的培养中，英语课堂是主要的教学环境。听说能力培养的重要途径之一就是让学生有一个良好的语言环境，因此，初中英语教师应当有计划地进行英语课外活动。一是组织学生进行角色扮演、表演情景剧，通过这种方式增加学生听说英语的时间。二是开展英语辩论活动。教师在选择辩论主题的时候，应以学生的意见为中心，选择大家喜闻乐见的辩论主题，否则学生会因为对辩题不感兴趣而减少辩论活动的参与度。三是创办英语角。

有些学生并不是不敢开口说英语，而是缺少说英语的机会。因此，英语教师应给学生构建一个英语交流的平台，为学生创造说英语的机会。

以角色扮演为例，在初中英语课堂中进行角色扮演可以促使学生们大胆地说英语，目前这种学习形式受众多学生的欢迎，并能帮助他们更好地理解课文中的内容。比如在人教版九年级的英语课文中，第一单元学习的主题是How can we become good learner？。教师首先向学生们分享自己学习英语的经验及方法，然后再通过小组讨论的方式，鼓励用英语讲述自己学习的过程。老师要在讲解的基础上，让学生学会应用课文中的重点时态和句型。例如，医生这一角色就涉及 hospital、nurse 等。角色扮演和小组讨论的最大特点就是帮助学生在自然的交流情景中，利用听、说、读、写的方式，学习本节课的重点知识。值得注意的是，教师在运用这一方式的时候，要注意教学的重点，不能使整节课的中心偏离，否则会影响正常的教学。

三、利用现有教材进行听说训练

行为主义教学法是听说教学的理论基础，主要的模式是刺激—反应—强化。其中，多听代表刺激，是语言信息对学生的刺激；多说代表反应，是学生对刺激的反应。因此，多听多说是提高听说能力的首要条件。但是，从目前的课程设置来看，英语课程是有限的，所以无法在时长上下功夫，但是我们可以提高课程效率，对现有的教材进行充分的挖掘，让学生在课堂中和教材中多听、多说。

在课堂中，可以按照如下的训练模式进行练习：预习—听—问答—说。首先，预习环节是十分重要的。预习功课的完整度影响下一环节的顺利开展，所以，教师应当指导学生进行预习。其次，听的环节，比如在教学九年级 Unit 7 Teenagers should be allowed to choose their own clothes 时，教师可以将较长的课文修改成100词左右的短文，概括文章主要内容即可，然后简述一两遍给学生，提示关键词，学生可适当做笔记。说的环节，可以采用小组合作等方式，以同桌为单位，或者前后4位同学为单位，复述材料，练习时间结束之后，教师再进行抽查。通过高效地利用课程时间，可以大大提高学生的学习效率，从而达到多听、多说的目的。

就目前情况来说，匮乏的基础知识、有限的听说技巧是农村地区初中生听说水平不高的主要原因。因此，初中教师在开展听说教学的时候，不仅要使学生听懂教师所讲述的内容，还要让学生进一步表述自己的想法。

参考文献

［1］刘欣，王瑛．创新教育理念下的中小学英语教学模式初探［J］．亚太教育，2019（7）．

［2］方毅慧，潘春雷．新课标视角下中小学英语教师教学反思的内容和途径［J］．黑龙江教育学院学报，2017（5）．

巧用思维导图，提升初中生英语阅读能力

广东省梅州市兴宁市陂西中学　张玉婷

阅读是初中英语教学中的重点，也是难点。学生通过阅读，可以积累词汇，获取知识。在一定程度上，学生的阅读能力决定着他们的英语学习水平。在新课标的背景下，英语阅读更加注重学生的主动参与和勇于实践，并在此过程中提升学生对英语的运用能力。运用思维导图，能使初中生在阅读过程中将遇到的繁杂的内容清晰、系统地呈现出来，从而帮助学生深刻地理解所学内容，更容易组织和记住所读材料，也有助于其组织语言材料进行写作练习。本文讨论了当前初中生的英语阅读现状、思维导图的定义及优点，并列举了笔者在九年级阅读教学中运用的思维导图的范例。

一、初中生英语阅读现状

阅读理解在英语学习中具有重要的作用。阅读理解对学生的词汇量和阅读技巧要求较高，但是大部分学生的阅读水平仅停留在对阅读材料表层意义的理解上，稍有深度的文章就会让他们头昏脑涨，从而出现"只见木不见林"的现象，拿不准中心思想，导致失分严重。当前的初中生在阅读中遇见的困难，主要存在于以下三个方面。

（一）词汇量有限，阅读不顺畅

在英语阅读理解中，词汇量是学生理解文章的绊脚石。学生常常纠结于某个生词的意思，既浪费了时间，又白费工夫。阅读理解考查的是学生的多项综合素质，在词汇方面，有些单词同时有多种词性、多种含义，对应着的多种语法、句式、短语也各不相同，这也加大了阅读理解的难度。词汇量的缺乏，会使学生难以进入阅读状态，使文章读起来晦涩难懂，甚至产生误解。

（二）对英语国家的文化背景等知识储备不足

一般情况下，阅读理解选用的文章是描述某一热点、人文或者物品，同时也会掺杂一些含有文化背景意义的语段。如果对相关文化背景有了解，文章理解起来会事半功倍。但大部分学生对英语国家的文化背景、风土人情等缺乏了解，即便面对一些由简单的单词组成的句子，也不能真正理解它们的

意思。这些所谓简单的句子有时却可以点明整篇文章的中心主旨。

(三) 没有良好的阅读习惯和正确的阅读技巧

大部分学生对英语阅读有着抗拒、恐惧的心理,对英语阅读理解缺乏足够的信心,这与他们没有养成良好的阅读习惯以及没有掌握正确的阅读技巧有关系。有的学生在英语阅读的过程中注意力分散,记忆力差,而有的学生则喜欢钻牛角尖,还有的学生喜欢一个词一个词地读,这些都是浪费时间和精力的低效率的阅读方式。

二、思维导图的定义和优势

(一) 思维导图的定义

思维导图(mind map)最初的学名叫心智图,又称脑图、心智地图、脑力激荡图、灵感触发图、树状图、树枝图,是一种利用图像式思考的辅助工具。思维导图按照发散性思维的特征,把注意的点清晰地集中在中央图形上,主干从中央向四周放射;分支由一个关键的图形或写在产生联想的线条上面的关键词构成,次级话题也以分支形式表现出来,附在较高层次的分支上;各分支形成一个连接的节点结构并且末端开放。

(二) 思维导图的优势

1. 帮助学生在学习中通过图形来掌握学习的主题内容

在日常的学习中,学生通常是通过记录笔记来进行英语知识的归纳与掌握。但笔记是简单的文字记录,视觉效果单一,对知识点没有拓展和延伸。而思维导图利用图形、词语、数字、颜色等让学生喜欢并享受学习过程。根据相关研究,图形和文字的结合所产生的学习效果是单独使用文字所产生的学习效果的6倍。思维导图能帮助学生快速产生新的想法。因此,学生通过亲自绘制思维导图可以抓住英语学习的主题内容,并发挥想象来提高对主题内容的理解。

2. 提高学生对信息进行深入分析的能力

学生若不能把所学知识用联想的方式联系起来,那么所学的知识就是单一的。思维导图通过对词、词组、句子的延伸,可以由词联想到词组,由词组联想到句子,由句子联想到关联句等。比如food,通过思维导图发散思维,延伸出vegetables, fruit, meat, drink等。学生通过这种方式和自己的想象,把所学的知识进行回顾和加强。学生在思维导图的帮助下,由简单的记忆发展到对学习信息的深入分析，从而提高他们对英语学习的理解和应用能力。

3. 帮助学生整合学习知识，把所学知识化繁为简

学生要学习很多科目，接收到的信息量非常大，而如何有效地利用这些信息就成了学生学习的一大难点。学生可通过思维导图，对英语学习中的重点、难点、易混淆点、考点等信息进行分析和利用，这极大地提高了学生学习的效率和学习成绩。这种化繁为简的方式能让学生不断提高自己的学习能力。

4. 形成学生个性化的学习风格和特色

思维导图是一个学习工具，更是一个体现学生个性化学习风格和特色的思维工具。学生通过思维导图把自己独特的想法、独特的见解展现出来，学生所绘制的思维导图具有唯一性、不可替代性，是学生个性化及学习能力提升的重要体现。

三、初中英语阅读课中常见思维导图的运用

（一）图表型

图表型（charts）是用图表型图式来对人物、地点、事件、观点、质量、描述或数据等进行比较。例如，在讲授 *Go for It* 九年级阅读课 Should I be allowed to make my own decision? 这一课，我先引出 hobby 这个话题，让学生讨论家长和青少年对 hobby 的不同观点。Teenagers：They want to practice their hobbies as much as they want. Parents：They worry about their child's success at school. 然后导出 Liu Yu 和 His parents 的不同观点。Liu Yu：He wants to be a professional runner. His parents：They think he should spend time on study. 接着让学生带着对文章的初步了解，默读7分钟，掌握文本的大致内容，归纳每段的主要思想。

通过以上3个步骤，学生对文章的框架和内容已全面掌握，然后通过比较知识点（见表1），掌握细节内容和重点知识。

表1　知识点比较

Parents' Points	Liu Yu's Points
They worry about his success at school.	He wants to be a professional athlete.
They think he should spend time on study.	He just wants to do what he enjoys.
They think he needs to be realistic.	He is serious about running.
They think it is a very difficult dream to achieve.	He believes himself.

整堂课，通过不同的比较，学生能抓住文章的主题和细节。教师可以在图表的帮助下，引导学生利用已掌握的知识进行再创造，激发学生的阅读热情。

（二）头脑风暴型

头脑风暴型（brainstorm）是用来描述中心思想、概念及其支撑说明，或表示主题、描述等的主次关系及相互联系。思维导图的本质在于它的放射性，从一个节点出发向四周进行放射性思考。这种放射性的结构真实反映了大脑的自然结构，使人的思维能够快速地扩展。这一特点与头脑风暴的特点完全一致。头脑风暴应用到思维导图的计划、决策等阶段，以及应用到讨论、思考时，能丰富学生的思路，也许还会有创新想法，使需要完成的项目更加全面和深入。例如，九年级阅读课 Stonehenge—Can anyone explain why it is there? 要求学生以小组为单位完成一幅以巨石阵为核心内容的思维导图。教学中，笔者引导学生进行思维导图（见图1）与头脑风暴的融合应用，取得了良好的效果。

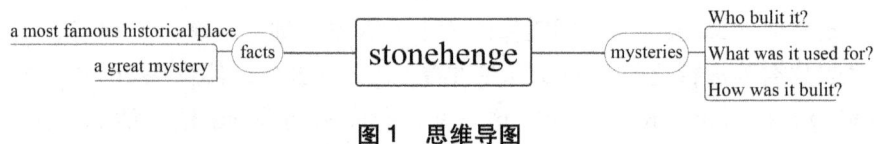

图1　思维导图

（三）分层结构目录

分层结构目录（hierarchies）是用来表明类别、分类、分析、结构、描述和举例。在九年级 How can you become a successful learner? 这一课中，文章围绕 how to learn 从4个方面介绍新加坡，即 creating an interest in what they learn, practicing and learning from mistakes, developing their study skills, asking questions 4个部分。（见图2）

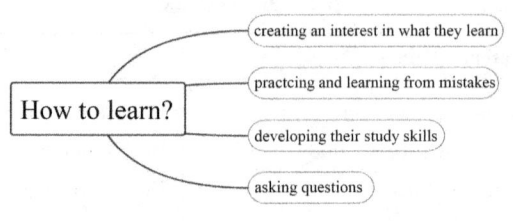

图2　分层结构目录

利用这一方式授课，能够帮助学生准确掌握文本结构，快速找出主要思想，然后对每一部分的细节展开讨论并巩固重点知识。

（四）解决问题型

解决问题型（problem solution）是用来表明问题、解决措施以及结果。例如，在九年级Do you know when basketball was invented? 这一篇文章的教学中，笔者设置了如下几个任务：①Who invented basketball and how is it played? ②When was the first basketball game in history played? ③Why were the Berlin Olympics important for basketball? ④How popular is basketball? 要求学生在小组合作中认真完成任务，带着问题去发散思维，逐步了解篮球的历史与现状。

在初中英语教学中运用思维导图，能解决诸如语言等难以解决的问题，能显著地提高学生学习英语的积极性。通过进行思维导图训练，学生能较快地掌握文章整体结构和文中的语言知识点，并增强自信心。

参考文献

[1] 黄益华. 思维导图在初中英语阅读教学中的应用探析［J］.英语广场，2018（6）.

[2] 谢婉娜. 在初中英语口语复述中应用思维导图的有效性研究［J］.英语教师，2018，18（2）.

[3] 闫彩霞. 巧用思维导图优化农村初中英语语法教学［J］.读与写（教育教学刊），2018，15（1）.

[4] 陈霞. 应用友善用脑思想进行英语学习策略指导［J］.都市家教（下半月），2010（12）.

[5] 马武林，陈钰. 思维导图辅助高中英语语篇教学理论探讨［J］.现代教育技术，2008（3）.

把握训练技巧，提高英语听力教学实效

广东省阳江市第二中学　郑凤慈

英语教学包括多种多样的内容，有阅读、听力、写作、对话等。学习英语不仅要求学生具备良好的书写能力和阅读能力，而且要求学生拥有良好的听力能力和对话能力。近年来，初中英语教师越来越注重学生听力能力的培养，关注听力训练教学的改革方向，将多样化的训练技巧融入课堂教学当中，使学生充分掌握听力材料的具体内容，明确每一个听力材料所表达出的基本内容，进而真正挥发出听力训练的重要作用，进一步提高学生的听力水平。

一、初中生英语听力能力所面临的主要问题

（一）缺乏扎实的英语基础，影响学生对听力材料的理解

有的初中生缺乏良好的英语基础，以及对英语知识扎实的理解，没有记住更多的英文单词，也没有认识到各个单词所表达出的不同含义，从而使学生的听力能力较低，影响听力教学效果的提升。有的学生没有学好音标的发音形式，未能形成良好的语音辨别能力，导致他们对听力内容产生错误的理解，无法理解材料的基本内容。有的学生习惯慢语速的交流，在英语交流中需要一定的时间思考他人所表达的语句含义，但是在听力训练中就会出现跟不上听力语速的情况，无法适应教师播放材料的速度，进而使学生产生焦虑的情绪。

（二）未能了解文化背景，对材料内容产生误解

有的初中生未能及时了解与听力材料相关的文化背景，对语言文化了解不全面，在听取对话时就会对材料内容产生误解。有的学生没有了解听力材料所涉及的文化因素，未能认识与材料相匹配的历史背景，无法了解一些国家的风土人情和生活习俗，从而无法深入理解听力的内容，增加他们的学习压力。

（三）存在错误的心理状态，影响学生的听力效果

有的初中生喜欢以"哑巴"英语的方式学习文化知识，不愿主动说出

英语的内容，在听力上存在一定的畏难心理，在与他人交流时有一种焦躁的情绪，进而降低了课堂教学的实效性。有的学生存在错误的学习心理状态，常常对听力练习产生恐惧的心理，在没有开始练习之前就已经害怕听到材料的内容，时常处于一种紧张的学习状态，甚至产生严重的自我怀疑，不敢相信自己所听到的内容，这严重影响学生听力效果的提高。

二、初中生英语听力能力的重要性

提高学生英语听力能力是当前教师思考的主要内容，教师要不断创新听力训练的形式，给予学生更多的真实体验，培养他们形成良好的听力能力。

一方面，提高初中生英语听力能力有助于夯实学生的基础，增强他们听、说、读、写的能力，促进他们综合英语实力的提高，为他们将来的学习奠定良好的基础。另一方面，提高初中生英语听力能力有助于提高学生的综合成绩，使学生不断提高自我的思考能力，获得较高的英语成绩。

三、初中生英语听力能力训练技巧实施的具体措施

（一）夯实学生的文化基础，加深学生对材料的理解

教师为提高初中生的听力能力改革课堂教学的方式，把握听力训练的技巧，注重文化知识的讲解与分析，引领学生投入词汇、文章、文化背景知识等内容的学习当中，使学生夯实文化基础，掌握更多的英语单词，明确各篇文章的主旨内容，了解与听力材料相关的文化背景，进而增加学生对材料的理解。例如，初中英语教师讲解 Is this your pencil? 这一章节的内容，带领学生做这一章节的听力训练，需要先带领学生明确各个文具用品的单词表达方式，使学生认识 book、pencil、pen 等文具单词，了解这篇文章的对话方式，对听力内容进行初步了解。教师再带领学生进行听力训练，确保学生能听懂材料，分析听力材料的主旨内容，掌握每一个人物对文具的观点，逐步形成良好的听力能力。

（二）引入多样化的材料文章，增加学生对听力材料背景的了解

听力材料的引入是至关重要的，关系到学生听力能力的提高，与学生听力能力的训练息息相关。初中英语教师应将多样化的材料引入课堂教学当中，把握听力训练的技巧，引领学生积累丰富的背景资料，进而增加学生对文化背景的了解。初中英语教师应当将一些书籍引入课堂教学中，在讲授

I'm watching TV. 这一章节的内容时引入了 Family Album U. S. A. 这本书，引领学生了解美国的文化背景，使学生从书籍中了解中美文化的差异，积累与美国文化相关的背景知识，在听力对话谈到美国生活时能更好地理解，真正理解英语听力材料的内容，形成良好的听力能力。

（三）快速阅读选项，抓住重点词汇

阅读选项是快速提高学生英语听力能力的一种方法，能帮助他们预测材料的内容。初中英语教师讲授听力训练的技巧，引导学生快速阅读听力题目的选项，标出选项的关键词汇，使学生通过阅读选项抓住重点的词汇，从重点词汇中掌握材料的主体情节，进而提高学生做题的准确性，提高初中英语课堂教学的实效性。例如，在选项①A. on Sunday B. on Tuesday C. on Monday ② A. Tom B. Tum C. Tim ③A. exciting B. interesting C. cute 这些问题中，学生通过阅读这些选项的具体内容，分析各个选项考察的关键点，认识到选项①考察的主要为时间问题，分析出选项②主要考察的是人物，掌握到选项③主要考察的是感觉，进而促使学生逐步形成良好的听力能力，提高初中英语课堂教学的效果和质量。

（四）摆正听力的心态，善于跳过难点

摆正心态是训练学生听力技巧的主要方式，也是强化他们听力能力的主要手段。初中英语教师应当帮助学生摆正听力的心态，注重听力技巧的讲解，引导学生克服畏难的心理，使学生善于发现听力中的难点问题，学会跳过难点语句，善于跳过听力的难点问题，以听力的上下文内容分析出难点问题的解答方法，进而促进初中英语听力教学实效性的提高。例如，教师讲解 Can you come to my party? 这一章节的内容，带领学生投入这一章节的听力训练当中，使学生敢于面对这一章节的难点问题。在听力训练方面，对于一些难懂的聚会单词进行猜测和分析，敢于猜测聚会对话的具体内容，比如，"In the party, we need to find our own partners, with whom we can deduce the basic steps of waltz." 这一句话，以跃难心理获取到更多的听力信息，掌握到与舞步相关的信息，猜测 steps of waltz 这一单词与舞蹈相关联。

（五）正确指导训练方法，促使学生学会边听边记

教师应当正确指导听力训练的方法，讲解边听边记的训练技巧，使学生形成边听边记的良好习惯，掌握听力训练中速记的方法，真正理解听力的内容。例如，教师讲解 Could you please clean your room? 这一章节的内容时，

训练学生边听边记的听力技巧，使学生在听取材料时记录下与 clean your room 相关的内容，一边听取听力材料的内容，一边记录 clean your room 的主体过程，明确听力材料中人物 clean your room 的发展情节，进而提高初中英语课堂教学的效果和质量，促进英语听力教学实效性的提升。

四、结束语

训练学生的听力能力是当前初中英语教师思考的主要内容。初中英语教师需要把握住听力训练的技巧，将与听力材料相关的资料引入课堂教学当中，使学生形成坚实的文化基础，理解听力材料的基本内涵，进而使学生拥有较高的听力能力。同时，教师需要训练学生的听力技巧，正确地指导他们听取材料，培养他们形成良好的听力习惯，使学生不断探索听力学习的方法，掌握听力学习的具体技巧，进而提高学生英语听力的水平，强化课堂教学的实效性和高效性。

参考文献

[1] 杨丽群.把握英语听力训练技巧，提高初中英语听力教学实效[J].新课程：教育学术，2015（101）.

[2] 王建海.把握听力训练技巧，提高初中英语听力教学实效[J].英语画刊（高级版），2016（3）.

[3] 王璇.把握英语听力训练技巧，提高初中英语教学实效[J].中外交流，2016（2）.

[4] 左琳.提高初中英语听力教学实效性的策略[J].最漫画·学校体音美，2018（34）.

[5] 陈进.提高初中英语听力教学实效性的几点思考[J].中学生英语（初中版），2012（10）.

初中生英语学习的法宝：错题集

广东省阳江市阳春实验中学　周静桦

我们课题组通过课题研究，让学生以一种更为积极的态度以及方式来看待英语学习中出现的错误，从而主动地对自己的错题进行积累、归纳、分析，建立错题档案，不断修正自己的学习方法，完善自己的学习体系，培养学生的自主学习能力。同时，我们通过课题研究，让教师针对学生出现的错误反思自己的教学，查找漏洞，提高教学质量。教师对某些错误资源可以加以利用，充分发挥错题的作用，让错题也成为教学的宝贵资源。错题本就这样应运而生了。

一、错题集使用情况

错题集使用情况问卷调查的目的是对错题的关注与应对方法进一步研究，以及对错题资源的利用程度进行分析。调查对象为初中3个年级的部分学生，调查方法为问卷法，调查内容是关于初中生英语学习中的错题集。

从表1中的数据可以看出，90%的学生能够认真地收集错题，坚持将英语学习中的错题整理收集在错题本上，但是仍有10%的学生不能坚持完成英语错题本的错题收集和整理工作，他们为了应付老师的作业而收集错题。从表2中的数据可以看出，同学们认为收集错题可以针对自己学习上的不足，对错过的题目加深印象。建立错题本的过程就是有针对性的查缺补漏的过程，也是将解题思路类型化的过程，是升华知识的过程。可见，同学们肯定错题集的作用。

表1　你是如何对待错题集的？

选项	比例
敷衍了事，为了应付老师的作业	10%
认真对待，这是对自己有益的	90%

表2　你认为错题集有什么用？

选项	比例
记录自己的错误，并提醒自己	100%

（续表2）

选项	比例
对错过的题目加深印象	100%
可以针对自己的不足加以练习	100%
复习时可以温故知新	100%
没什么用	0

从表3及表4中的数据可以看出，85%的学生偶尔会在错题本上做反思总结，错题集上有题目和答案，等到下次回顾的时候，可以知道是什么原因造成的错误。只有写上错因并上升到更高层次的思考，每道题旁预留空白并写上点评或者该知识点的拓展延伸，才可以不断地强化知识点。下一次再遇到同类问题就可以快速正确地作答。

表3 你在写错题集时会写上错误的原因吗？

选项	比例
会，否则复习时不知道自己错误的原因	85%
不会，这样太麻烦，知道正确答案就好了	5%
看老师要求	10%

表4 你的错题集有预留空白和点评吗？

选项	比例
有	15%
偶尔会有	80%
没有	5%

从表5中的数据可以看出，部分同学会在考试之前翻看错题本，部分同学会每周翻阅。这里说明，学生接触错题集的时间频率不够高。从表6中的数据可以看出，45%的学生已经养成遇到错题及时收集的习惯，45%的学生每次考试之后会收集整理错题，还有10%的学生会选择逃避订正错题甚至不订正错题，这会直接影响学生的再学习能力，需要在后期有针对性地矫正。

表 5　你有正确使用错题集吗？

选项	比例
每周翻看	50%
每月翻看	0
考试前会看	50%
一般不看	0

表 6　你会在什么时候写错题集？

选项	比例
作业有错误的时候	45%
考试之后	45%
老师提醒后	10%

二、错题集：学习的好助手

为了升学考试，我们一味地进行题海战术，学生刷过的错题并不能在脑海里留下深刻的印象，反而让学生感到烦琐、枯燥，进而排斥英语，这就违背了新课标教学的要求。每到考试之前，很多学生比较盲目，不知道如何复习。英语是一门比较复杂的学科，学生需要掌握大量的单词、短语、句型、语法结构等，稍不留神就容易出现错误。教师要善于总结和充分利用这一丰富的资源进行教学，帮助学生体验和反思，从而达到自我提高、真正成为学习的主人的目的。为此，我认为，让学生建立错题集是非常重要且必要的。为了用好这个帮手，我们应做出一些改进措施来提高学生对错题资源的意识。

（一）教师的提升

从学生的错题集，教师可以看出学生学习的弱点。教师要善于分析，从学生的错误中发现自己在教学中的不足，分析自己教学中存在的问题，并及时调整教学方法。教师通过学生收集错题，可以看出学生哪些知识点掌握得不好，从而想办法突破这些知识点。所以，教师应经常从错题集中反思，改进自己的教学方法，确定今后教学的侧重点。同时，教师除了对自己的教学进行反思，还要经常督促并抽查，才能使学生克服惰性；对屡犯错误的学生，教师要及时提供个别辅导。可以说，英语错题集是一种丰富的教学资源，教师应充分加以利用，不断反思，促进自身教学水平的提升。

（二）学生的提升

教师指导学生在学习实践中整合并运用错题集，从练习、试题中收集、归纳、分类错题，分析错因，明确错误类型，寻找规律，举一反三。由于每个学生出现错误的原因各不相同，因此每个人建立的错题集也不同。通过互相交流，学生可以从别人的错误中吸取教训，开阔自己的视野，得到启发，不犯同样的错误。

三、如何整理错题集

在错题资源的整理中，错题集起着非常重要的作用。如何指导学生做好错题集，值得教师认真研究。

（一）错题集的设计与内容要求

（1）错题集要分类。教师要求错题集要分类，包括错题类型、所属章节、所属知识点、相关联知识点等。

（2）抄上错题。教师要求学生把题目抄上，先别做答案，要预留空白，写上错因、知识点的结构、知识延伸等。

（3）学生要在错题下面写上正确答案，避免重做错题时无法判断答案的准确性。

（4）学生要举一反三，教师指导学生在错题本的相应位置留白，当再次遇到相同或相似的题型时写下老师的指导方法和自己的学习感悟。

（二）错题资料的选择

错题资料主要是以试卷及复习练习册为主，还包括学生自己的练习材料。

（三）错题集收集的频率

学生每周至少两次收集错题。

（四）错题集的使用

1. 及时整理

错题一定要及时整理并且当场消化，学生只要有时间，就要把错题集复习一遍，可以用标记标注该题的学习情况。

2. 相互交流

由于学生各自的基础不同，建立的错题集也不同。学生通过交流，可以从别人的错误中吸取教训，得到启发。我们建议每个星期在班级各小组内进行一次交流，每两个星期或三个星期小组间也可以进行一次交流，具体可通过班委进行组织。

我认为，错题集的收集及整理是反映学生自主学习的重要标尺，如果同学们能从做的错题中得到启发，从而不再犯类似的错误，成绩就能有较大的提高。这样，学生就能准确地看出英语学习中出现的错误，从而主动地对自己的错题进行积累、归纳、分析，建立错题档案，不断修正自己的学习方法，完善自己的学习体系，培养自己的自主学习能力。

参考文献

[1] 吴本虎．中学英语学习策略［M］．北京：人民教育出版社，2002．

基于计算机智能评分原理浅析高考英语听说考试备考策略
——以2021年广东省高考英语听说考试试题为例

广东省河源市东源县教师发展中心　朱妙芳

一、引言

2011年，在国家教育考试和评价制度改革方针的指引下，广东省高考听力和口语考试合并为英语听说考试，并正式纳入高考总分。同时，广东省是最早实现英语听说考试改革的省份，并且率先采用了计算机智能评分的方式。随着高考改革的实施，2021年广东省高考英语听说考试分值由15分提升至20分，计入高考总分。

根据《普通高中课程标准（2017年版2020年修订）》对听说核心素养的要求，学生应掌握一定的语篇朗读技能，如语调节奏及停顿等，此外，还应掌握与听说对应的相关理解性技能和表达性技能。学生应掌握系统的听说知识结构，学会逐步借助语音知识有效地理解说话人的态度、意图和情感，同时表达自己所希望传递的意义，这是英语听说教学的核心，也是高考评价体系的明确要求。

二、高考英语听说考试计算机智能评分原理

广东省是最早实现英语听说考试改革的省份，并且率先采用了计算机智能评分的方式。从科大讯飞提供的数据来看，广东省学生的英语听说水平在全国明显高于其他省、市。

关于计算机智能评分的有效性，广东省考试院曾组织过一次对比验证，基于2012年和2013年高考考生实测数据，通过与专家评分一致性的对比来比较计算机评分和阅卷员人工评分的有效性，得出的结论是，计算机评分与专家评分的一致性达98%，符合考试评分要求。因此，通过了解计算机智能评分原理，教师可以对所有题型的采分点进行分析，便于教师和学生进行更有针对性的备考。

计算机智能评分过程首先是人工专家打分定标，然后是提取采分特征，接着由计算机算出采分特征权重，最后建立评分模型，应用于正式评分。据科大讯飞股份有限公司讯飞易听说教研院杨芃老师介绍，计算机智能评分的

核心在于通过人工智能技术把专家打分的标准量化，并且忠实无误、公平公正地执行专家的打分标准。不管是计算机评分还是人工评分，以下3个关键步骤值得一线高中英语教师关注。

（一）提取采分特征

一段录音的评分过程，实际上就是对多个特征进行打分的过程。影响评分的特征主要分为3类：语音的完整性，语音的音段质量，语法和语义。计算机智能评分系统通过3种技术实现对评分特征的抽象提取，分别是语音转文字技术、语音模型分析技术和深度神经网络技术。通过以上3种技术，计算机智能评分系统可将所有特征提取出来。

（二）计算采分特征权重

我们提取出所有的特征之后，再通过人工智能技术对专家打分数据进行分析，计算出每个特征的权重。每次考试的成绩都会先抽取一部分样本录音，经过人工专家进行打分，人工专家会根据评分标准对每一段录音进行打分，但此时的评分标准实际上只是一些描述性的语句（如短文朗读满分标准为连贯地朗读，语音、语调正确，有节奏感、有感情），无法进行定量表达。专家打分的过程是一个综合性思考的过程，专家自己也无法将所有特征都列举出来。这时候，只有通过人工智能技术，对专家打分的数据进行分析，才能把每个特征相对应的权重计算出来，从而建立该道题的评分模型。我们可以将之简单理解为一个公式。

（三）根据评分模型进行打分

我们将建立好的评分模型输入计算机智能评分系统中，该评分系统才可以真正运用于其他录音的评分。对每一段新的录音，该评分系统都会根据建立好的评分模型提取出该段录音相应的特征，并且根据不同特征的相关权重进行打分，从而确保该评分系统的评分标准与专家的评分标准保持一致。

综上，科大讯飞智能评分系统是通过3种技术将所有语音特征提取出来，再通过大数据分析将专家打分的数据反算出所有特征相应的权重，建立一个评分模型，确保评分标准与专家完全一致，通过该评分模型就可以实现对其他录音的精准评分。

三、高考听说考试备考策略

广东省高考英语听说考试题型分别是模仿朗读（Part A）、角色扮演

（Part B）、故事复述（Part C）。基于对计算机智能评分原理的分析，虽然不同题型评分原理是一样的，但是评分标准是不同的。因此，根据不同的评分标准采取不同的备考策略，有助于学生在高考听说训练的过程中获得更大的效益，在听说考试中发挥更好的水平。

（一）模仿朗读

模仿朗读题型的评分主要分为3个维度：准确度、流畅度、完整度。科大讯飞智能系统根据评分维度，列出了各个维度的失分点（见表1）。

表1　模仿朗读评分维度及失分点

准确度	流畅度	完整度
★★★加音	★★★语调不正确	★★★短语、句子未读完
★★★吞音	★★★节奏不正确	★★★漏词、跳词
★★★辅音不到位	★★★未正确意群停顿	★★吞音
★★元音不饱满	★★★未正确连读	生难词卡顿
★★★重音错位	★★★未正确失去爆破	★★未正确失去爆破
★★★未正确连读	★★★生难词卡顿	★未正确意群停顿
★★生难词卡顿	★★未正确重读	★辅音不到位
★短语、句子未读完	★★重音错位	★元音不饱满
★未正确意群停顿	★元音不饱满	★未正确重读
★辅音不到位	—	—
—	—	漏词、跳词
—	—	★加音

从表1可以看出，加音在准确度的权重占3颗星，这表明加音很重要。举例1：*His father is a worker.* 有相当多的同学会读成 His fathers is a workers。举例2：I have no interest (ing)．很多同学把 interest 读成了 interesting。虽然只是加了一个 s，或者加了一个 ing，但是从评分标准来看，这个对短文朗读的扣分是很严重的。考生在平时训练时一定要注意避免。再如：I don't thin(k) I can do i(t) at the momen(t)．I am not clever(er) than you. 吞音导致准确度扣分严重，完整度也会失分。很多同学会把 think 中的［k］的发音丢掉，这其实就是吞音。再如一些比较级，很多同学会把 clever(er) 中的尾音吞掉，而吞音在准确度中也是占很大的权重的。所以，学生在练习过程中

一定要适当纠正。

根据智能评分标准以及失分点的罗列和分析，值得注意的是，在模仿朗读这个板块中，准确性第一，语音语调第二。如果语音语调漂亮，但读不准是不会得高分的；如果语音语调听着不舒服，但是读准了，还是能够得到客观的分数的。

（二）角色扮演

角色扮演题型的评分主要分为 2 个维度：语言维度、信息维度。根据评分维度，各个维度的失分点见表 2。

表 2 角色扮演评分维度及失分点

环节	语言维度	信息维度
"三问"	★★★疑问句型错误	★★★疑问词后名词漏泽
	★★★疑问词错误	★★★频率词漏泽
	★★★语序错误	★★★选择疑问句选项漏泽
	★★时态错误	★★★修饰成分漏泽
	★★人称和数错误	—
	★★★语法结构不完整	—
	★频率词冗译	—
	★语音错误	—
"五答"	★★时态错误	★★★信息抓取错误
	★★人称和数错误	★★★信息抓取不足
	★★语序错误	★★语法错误导致语义偏差
	★★语法结构不完整	★★回答信息不完整
	★★语序错误	★中文或胡说

从表 2 可以看出，在"三问"的环节中，尤其要关注的 4 个要点是疑问词、语序、信息点以及时态。例如，学生在翻译"跳舞和音乐就是她感兴趣的事情吗？"这个问题容易出现以下错误："Is she interested in dancing and music？"（句型错误），"Do she have an interest in dancing and music？"（疑问词错误），"Is dancing and music the things she is interested in？"（语法错误）。因此，教师在听说教学中要有意识地运用"三步走"的策略训练学生，第一是先明确句型，第二是确定疑问词，第三是检查语法。在"五答"

环节中，要注意以下两类情况：第一类是简单回答。①回答完整的短语，而非只答关键词。问：When did you go there? 答：Two years ago. 这里的 ago 是关键信息，不能省略。②切勿漏掉介词。问：How do you go to school? 答：By bike/On foot. By 和 On 不能省略。第二类是不能简单回答问题。①Why 引导询问原因。问：Why was Tom late? 答：Because he missed the school bus. 这里就要用 Because 引出原因状语从句。②What/How 引导询问观点或状态需要用完整的句子回答。问：What does Mary think of the book? 答：She thinks it is very boring. 根据大数据分析，在回答问题时推荐使用完整句回答，但是要注意语法的正确性。问：What are her roommates doing when Mary is reading? 答：Her roommates busy with their studies. 这里就存在语法结构不完整的错误，缺少 are。

（三）故事复述

故事复述题型的评分主要分为 2 个维度：内容维度和综合维度。表 3 根据不同环节和评分维度，列出了各个维度的高频失分点。

表3　故事复述评分维度及失分点

内容维度	综合维度	
★★★理解残缺导致采分信息点缺漏	语法不正确	★★★句子成分缺失或错误
★★★听记不当导致采分信息缺漏		★★★句子使用错误
★★★单句信息不完整		★★语序错误
★★★信息抓错，违背原文		★★时态语态错误
★★因表达含糊导致信息不清晰		★★人称和数错误
—	语言不流利	★★★句子之间长时间卡顿
—		★★★句子表达卡顿
—		★★单词或短语卡顿
—	语音语调不到位	★★★语调不正确
—		★★单词发音错误或不标准
—		★★★重读节奏不正确

对于这一部分，导致失分的 3 个重要的原因是信息要点缺失、逻辑篇章结构混乱、人称时态混乱。针对以上问题，教师要训练学生制定听记方案。在听第一遍录音时，学生先记下一些重要的信息，如把关键的时间、地点、人物以及动作等实词记下，并且每个关键词之间留下一定的空隙；在听第二

遍录音时，将更多的信息填写在空隙中，形成完整的故事。此外，教师要引导学生养成边听边快速做笔记的习惯，巧用笔记符号辅助听记。

参考文献

［1］中华人民共和国教育部．普通高中英语课程标准（2017年版2020年修订）［M］．北京：人民教育出版社，2020．

［2］教育部考试中心．中国高考评价体系［M］．北京：人民教育出版社，2019．

基于学科课程标准的初中英语教师"研训一体"有效培训策略实践探究

——以东源县初中英语学科教师培训项目为例

广东省河源市东源县教师发展中心 朱妙芳

一、问题的提出

教师的职后培训是促进教师专业化成长的重要途径。近年来，各级师训部门不断加大培训力度，教师培训工作取得了明显进展。但是，经过笔者对教师培训相关文献的梳理以及调研分析，我们发现初中英语教师培训过程中存在以下主要问题：一是培训内容与教师教学教研工作脱节，针对性不强；二是学科培训课程缺乏规划，不成体系，覆盖面不广；三是培训方式单一。大部分培训采取专题讲座这一接受式培训的方式，重讲授轻研讨，重理论轻实践。兴起于20世纪90年代的"研训一体"教师培训模式作为我国教师教育改革尝试，虽然已被广泛运用，但是在工作机制上还没有真正得到落实。

为解决以上问题，本文试图以东源县初中英语教师培训项目为例，基于学科课程标准，以教学问题为导向，深入论述初中英语教师研训一体的有效培训策略，旨在提高教师培训效率，助力本县区初中英语教师的专业化成长，提高学校、区域教学质量。

二、"研训一体"的内涵解读

"研训一体"，顾名思义，就是"研"和"训"的一体化。其中，"研"是指教研和科研，即通过主动和系统方式，找出实践中产生的教育问题的根本原因和可靠性依据，进而解决问题的过程，其核心在于研究中小学教育教学现实问题。"训"指培训，是有组织地传递教育理念、知识、技能、标准和信息的行为。①

"研训一体"不是"研"和"训"的简单相加，而是两者的有机整合。"研"使"训"基于理论与教师的实际需求，为"训"提供方向和内容。而"训"则可以帮助"研"找到解决问题的实践支撑，丰富相关理论。

---

① 陆福根：《"研训一体"的内涵与特质：中小学教学实场》，载《教师发展论坛》2014年第4期。

三、基于学科课程标准的初中英语教师"研训一体"有效培训策略

(一)系统梳理问题清单,做到"问题主题化"

问题解决式"研训一体"模式以发现问题—结合需要—形成课程—开展研训—实践检验为主线,旨在促使研训工作由单一指导型向研训互通型转变。① 这是针对问题进行"研究—分析—解决"的系统过程。"研训一体"要求以需求为导向,以问题为核心。但是问题存在普遍性、复杂性、多样性等特征,因此关注问题研究,首先要对问题进行系统梳理,并将共性问题提炼为研训的主题,从该主题切入,以促进同类问题的解决为最终目标。此外,为确保研究问题的真实性和有效性,"研训一体"尤其注重前期调研,这是研训课程确定的依据,也是研训的动机。课堂观察、问卷调研、访谈交流、查阅资料等都是深入了解教师教学情况及教师培训的实际情况及存在问题的前期调研方式。

本文通过问卷调查、教研听评课以及与学科教师访谈交流,以"问题清单"的形式对东源县初中英语教师在落实课程标准的教学过程中存在的主要问题进行了系统梳理。(如图1所示)

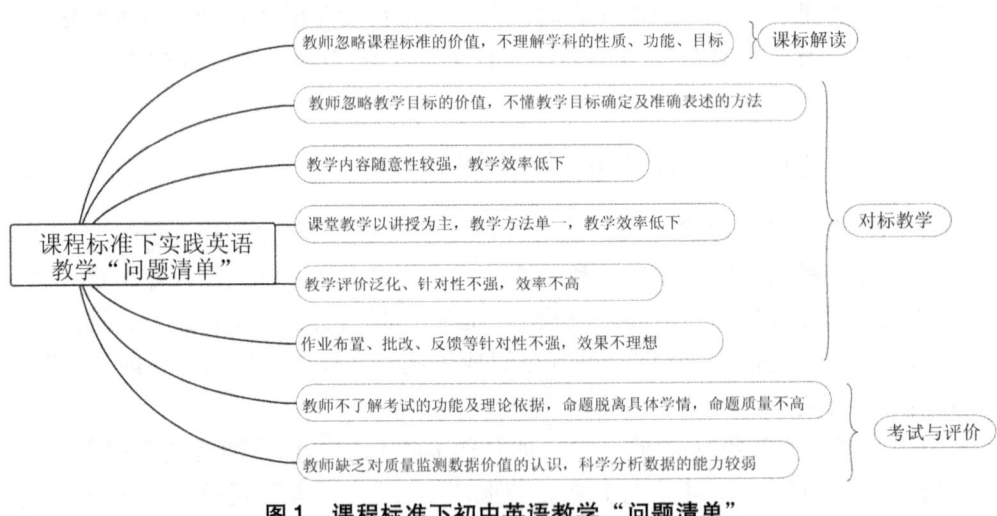

图1 课程标准下初中英语教学"问题清单"

---

① 陈文:《"研训一体化"教师教育模式的研究》,载《江苏教育研究院》2011年第7期。

义务教育课程标准是英语教学的指导性文件,对初中英语课程的基本理念、课程目标、课程实施建议等几部分做出了详细明确的阐述,也对全体学生的学习提出了基本要求。但是,经过调研分析,东源县初中英语教师在落实课程标准的教学实践中,存在容易忽略课程标准的价值、不理解学科的性质和功能,教学目标制订不明确、教学过程随意、教学效率低下等问题。笔者先围绕该研训专题对这些问题进行系统的归纳,找出最终需要解决的共性问题,并提炼成相应的研训主题。例如,问题1:教师忽略课程标准的价值,不理解学科的性质、功能、目标,此问题反映的是教师在课标解读层面出现的偏差。问题2至问题6分别对应的是教师在教学目标、教学内容、教学过程、教学方式、作业布置与批改、教学评价6个方面存在的问题,实质上反映的是教师没有落实好对标教学的工作。问题7至问题8对应的是考试与监测方面的问题。

(二)立足教学实际,突出课程结构化、体系化

"研训一体"的目标是为了解决教师在教学中真实存在的问题,促进教师的专业成长,提高学校的教学质量。因此,设计科学的学科培训体系,要紧扣培训目标,以解决教师的实际问题为立足点,确定培训课程体系的框架。课程内容的编排不是凭借主观经验的,课程内容不是随意的、零散的,而是根据课程目标、培训对象等要求,按照一定的逻辑序列组织而成的知识与经验的体系。下面以东源县基于学科课程标准的初中英语教师"研训一体"培训项目为例(见表1),分别从"横向"和"纵向"两个维度分析该培训课程的框架。

表1 基于学科课程标准的初中英语教师"研训一体"培训课程

(阶段目标:对标教学、常规提质)

序号	拟解决的问题	课程目标	课程内容
1	教师忽略课程标准的价值,不理解学科的性质、功能、目标等	明确课标学习的重要性,了解学科课程标准的性质、价值	做一名新时代合格的英语教师——让课程标准与课堂教学相结合
2	教学碎片化、表层化,课时之间缺乏关联性	了解单元整体的教学内容及板块功能,学习设计优化的教学指导方案与实用性策略	基于主题引领的初中英语单元整体教学设计

（续表1）

序号	拟解决的问题	课程目标	课程内容
3	教师忽略教学目标的价值，不懂得教学目标确认及表达的方法	通过案例的对比分析，反思教学目标观，正确理解和把握课标，确定教学目标，准确描述	单元整体规划下的目标设计思考——如何确定并准确描述教学目标（包括听说课、语法课、阅读课、写作课四大课型）
4	教学内容随意性较强，教学效率低下	了解教学内容在教学中的重要意义及理论依据，学习教学内容的确立策略（步骤及方法）	以学定教，以体定教，以考定教——如何确定教学内容（以阅读课为例）
5	课堂教学以师为本，缺少学生活动，效率低下	了解英语学习活动观，学习如何运用英语学习活动观，开展以读促写教学	英语学习活动观在初中英语以读促写教学策略例谈——如何有效设计并组织教学活动（写作课）
6	教学评价泛化，针对性不强，效率不高	了解教学评价的理论依据，了解有效评价的基本要求及策略，学习等级评价量表的拟定及实施策略	评价反哺教学，有效落实"教学评一体性"
7	作业布置、批改、反馈等针对性不强，效果不理想	了解作业的功能和意义，优化作业的基本策略	尊重学生差异，优化初中英语作业设计与辅导
8	教师不了解中考题型特点，缺乏命题相关策略	了解考试的功能及理论依据，学习试题命题的基本策略	如何命制测试题

该培训课程在横向上看是先将基于前期调研后系统梳理的问题确定为培训课程拟解决的问题，然后针对"课前""课中""课后"常规教学3个阶段明确课程目标，再结合当前教育教学的前沿理念和教研科研方向，以及培训对象（东源县初中英语教师队伍）的特点和专业需求，明确课程内容。

纵向上看，该培训课程遵循了英语学科教学的规律性和常规教学的一般流程，按照一定的逻辑序列编排，其体系化、结构化的特点比较明晰。

（三）推行多元化培训，增强研训互动性

多元化培训包含培训内容的多元化、培训方式的多元化、培训手段的多元化。本文重点探讨培训方式的多元化。传统的教师培训，最常采用的培训方式是讲授型。它最大的优势是有助于提高教师培训课程的经济效益，有利于教学内容输出效率的最大化。但是不足之处在于难以激发参培教师学习的积极性，不利于学员理解相关知识，并将之内化为专业能力等。陈霞将培训方式分为讲授型、训练型、引导型。① 这3种教学互动模式的互动主体、教学方法、能力要求等具体情况见表2。

表2 3种教学互动模式的比较

教学互动模式	培训者/学员互动比重	互动主体	教学方法	教学能力要求
讲授型	80/20	培训者为主	演讲法、讲授法、公开课法等	演讲、表达、演示等
训练型	50/50	对等	案例分析法、角色扮演法、情境教学法、体验教学法等	控场、点评、案例呈现等
引导型	20/80	学员为主	行动学习法、世界咖啡屋、焦点讨论法、六顶思考帽	引导、应变、提炼、萃取、催化等

从表2可以看出，这3种类型的互动模式所对应的培训方法及对培训者的要求是不同的，其培训效果也不同。曹树认为，教师培训让所有参训教师能在学习过程中共享是更为重要的，而"研训一体"就是通过同伴互助促进实践、促进反思，凸现了教师专业发展的新取向。② 因此，在教师培训过程中，推行多元化培训，可以调动教师参与培训的积极性与主动性，让教师在充分参与、互动和体验的过程中，建构自己的知识框架，从而形成新的

---

① 陈霞：《教师培训课程设计》，上海教育出版社2017年版，第138页。
② 曹树：《"研训一体"教师培训模式的思考与探究》，载《江苏教育研究院（社会科学版）》2008年第4期。

能力。

本文以东源县基于学科课程标准的初中英语教师研训一体培训项目为例，该项目结合了讲授法与教师工作坊研修的培训模式。工作坊研修也是一种比较高效的训练型培训方式。工作坊来源于 MBA 培训，是人们思考、探讨、相互交流的一种方式，一种鼓励参与、创新以及找出解决对策的方法。

在此项目的研修过程中，将全体参培教师划分成若干小组，共同确定真实问题（阅读课堂教学的有效设计），然后小组内协力搜集相关资讯，探讨教学设计的思路，共同完成一个阅读教学设计任务，最后以小组汇报的形式产出成果。以工作坊研修模式组织开展教师培训，充分调动教师参与的积极性和互动性，更能让教师在实操和讨论的过程中深入理解和运用培训内容。（如图2和图3所示）

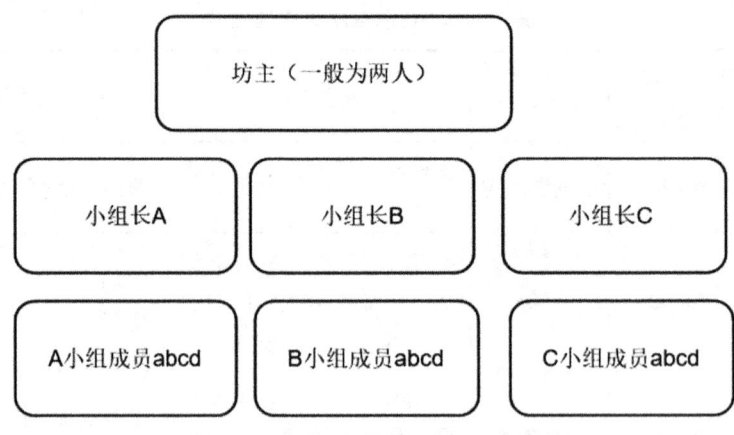

图2　教师工作坊研修的常见组织架构

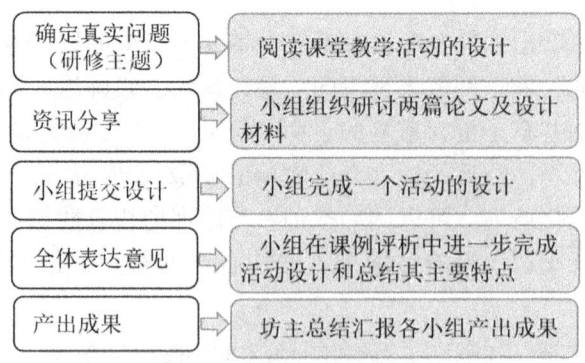

图3　教师工作坊研修的主要流程

另外，在新时代信息技术2.0的背景下，还可以采用线上线下混合研修的教师培训模式，充分利用网络平台和资源，扩大培训的受益面，提高培训成果的传播速度，以更便捷、高效的立体培训模式提高"研训一体"过程中的互动性和实效性。

综上，系统梳理问题清单，做到"问题主题化"；立足教学实际，突出课程结构化、体系化；推行多元化培训，增强研训互动性的"研训一体"培训策略，这均有助于促进教师的专业成长，以及提升学校、区域教学质量。但在新课改的背景下，针对初中英语教师"研训一体"策略的系统评价仍需进一步开展理论研究和实践探索。

参考文献

[1] 陆福根．"研训一体"的内涵与特质：中小学教学实场［J］.教师发展论坛，2014（4）.

[2] 陈文．"研训一体化"教师教育模式的研究［J］.江苏教育研究院，2011（7）.

[3] 曹树．"研训一体"教师培训模式的思考与探究［J］.江苏教育研究院（社会科学版），2008（4）.

[4] 陈霞．教师培训课程设计［M］.上海：上海教育出版社，2017.

初中英语单元整体教学本土化实施路径探讨
——以粤北某县初中英语的教学实际情况为例

广东省河源市东源县教师发展中心　朱妙芳

一、引言

单元整体教学从培养创造性思维的立场出发,不仅学生应将学习情境视为一个整体来感知,教师也应努力把学习情境作为一个整体呈现给学生。《义务教育英语课程标准（2022年版）》（以下简称"新课标"）指出,教学设计与实施要以主题为引领,以语篇为依托,通过学习理解、应用实践和迁移创新等活动,引导学生整合性地学习语言知识和文化知识,进而运用所学知识、技能和策略,围绕主题表达个人观点和态度,解决真实问题,达到教学中培养学生核心素养的目的。提倡单元整体教学不仅是新课标的育人要求,同时也能解决以往单一语篇教学方式育人功力不足的问题,这有利于帮助学生在完成单元学习后构建新的认知结构,获取解决问题的思想和方法,形成正确的价值观、人生观和世界观。

基于新课标背景下的初中英语单元整体教学实施路径的相关研究是当前的教研热点,通过教师的理念转变和实践探索,这些研究也取得了丰硕的成果,使培养学生的核心素养有了更加可靠的路径和方法。但是,笔者通过研究大量的文献及相关案例发现,虽然初中英语单元整体教学实施路径众多,但同样的路径不一定适用于所有的教师和学生。因此,结合本区域的师资情况及学生基础探索合适的单元整体教学实施路径非常必要。以下是笔者根据粤北某县初中英语的教学实际情况,以及结合一线的调研反馈尝试提出的单元整体教学本土化实施路径,旨在给当地教师提供一个可操作的抓手,并与广大同行共同交流探讨。

二、初中英语单元整体教学本土化具体实施路径

（一）通读教材,分析单元内容

单元整体教学设计是指依据教材的编排体系和编写方式,整体把握教材中的每一个单元,统筹安排整个单元的教学内容,正确把握单元中各部分内容之间的联系。因此在开展单元整体教学之前,教师首先要反复研读单元的各个语篇,与文本深入互动,再进行单元内容分析。这是一个从局部走向整

体,从非结构化走向结构化,从具体(教材单元)走向抽象(教学单元)的过程。对于粤北某县初中英语老师来说,由于整体性思维较欠缺以及相关的培训较少,这一项关键工作变得尤为具有挑战性。为了更好地帮助教师解决这一难题,笔者提出以下具体的单元内容分析步骤:一是研读各语篇,提炼主题意义,注重各语篇之间的关系(见表1);二是基于语篇研读,提炼小观念,统筹设计相应的任务,构建主题大概念;三是结合主题意义及各小观念,构建语言大概念;四是整合主题大概念与语言大概念,构建单元育人蓝图(如图1所示)。

表1 研读语篇,提炼主题

语篇	语篇类型	语篇主题	语篇内容	主题意义
Getting Ready (GR)	对话	历史、社会与文化、生活;生活与学习	榜样应具备的品质及如何看待自己成为他人的榜样	思考榜样应具备的品质及自我榜样效应
Lesson16 (L16) Yao Ming	记叙文	历史、社会与文化	介绍Yao Ming的个人经历、性格品质及其对社会的影响	学习名人榜样
Lesson 17 (L17) People in Our Lives	独白	历史、社会与文化;生活与学习	介绍Bella、Adam、Lily的榜样(爸爸、邻居、堂兄)	学习身边的榜样
Lesson 18 (L8) Steve Jobs	记叙文	历史、社会与文化	介绍Steve Jobs的个人成就,早期生活经历,教育、工作经历及其对社会的影响,理性学习榜样	—
Communication Workshop (CW) A Good Role Model	记叙文	生活与学习	介绍作者Kylie的榜样——母亲的性格品质及其对作者的影响	学习榜样,提升自我
Check Your Progress (CYP)	记叙文	历史、社会与文化	讲述主人公Bill Smith克服自身障碍,并帮助更多的人克服困难的经历及其影响	意识到榜样并非完美之人

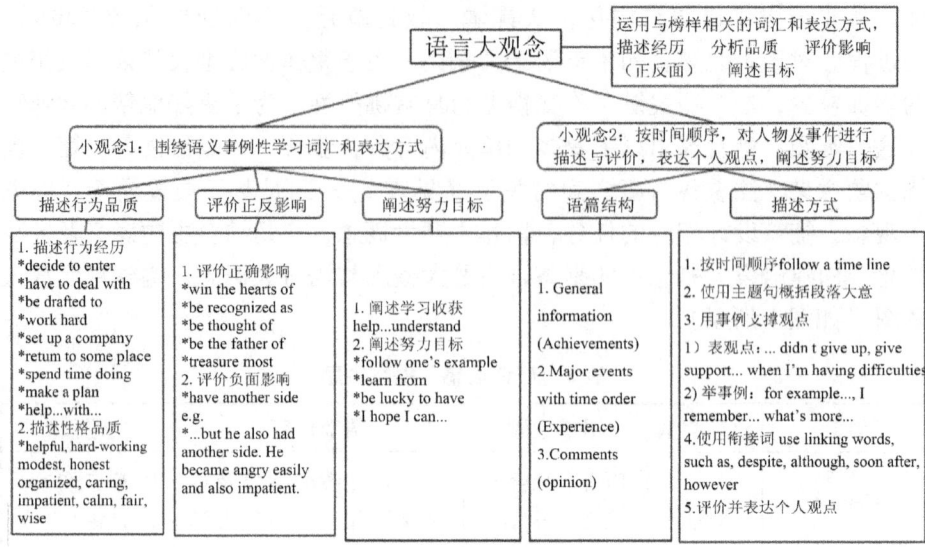

图1 构建单元育人蓝图

（二）依据内容，确定核心问题

每个单元的核心问题是引导学生探索主题意义的重要途径。对核心问题的探究和回答能直接指向主题意义的建构。以人教版英语九年级全一册 Unit 2 I think mooncakes are delicious! 为例，这个单元的主题是中西方节日，理解中西方节日的文化习俗和差异是这个单元的重点。基于单元的整体分析，结合新课程标准相应主题的教学要求，教师可设计以下3个核心问题：What do you know about some festival? Why do people celebrate the festival? How do you introduce our Chinese festival?

（三）基于证据，分析真实学情

学情分析是做好教学活动设计的重要基础，一切教学活动都是为学生的发展服务的。大部分教师具有分析学情的意识和实践。以人教版英语八年级下册 Unit 5 Do you want to watch a game show? 为例，教师分别从学生的认知水平、学习经验、相关知识储备以及学习困难等方面对学情进行分析（如图2所示）。这样看起来似乎非常全面和具体，但是据笔者调查了解，教师的这些分析更多地是个人的主观想法和推测，缺少支撑的证据。在教学设计中，教师可采取观察、访谈、问卷和反思等方法了解学生，关注并梳理学生的基础、存在困难和突破措施。对于英语基础薄弱且缺乏学习自信心的学生，教师更加需要采取恰当且方便操作的方式了解学生对相关主题的认知。

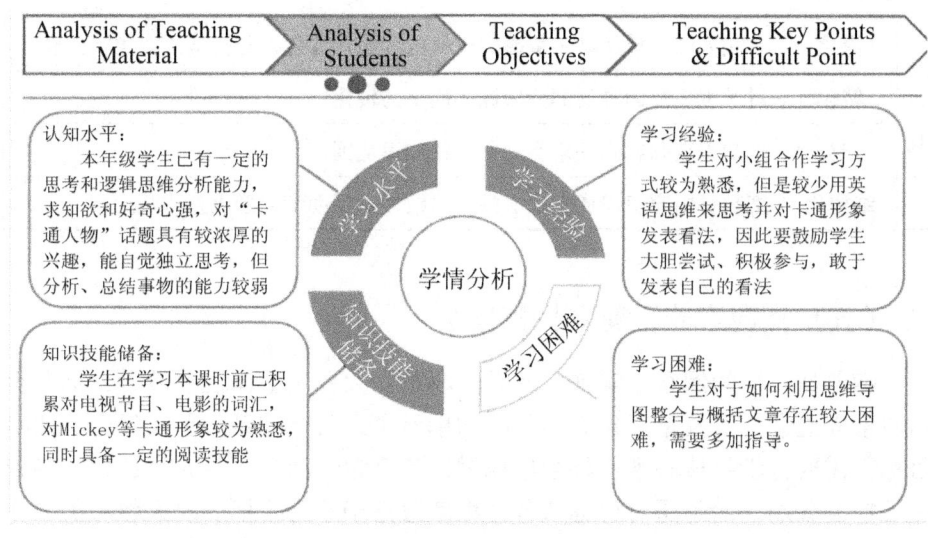

图2 学情分析

（四）结合生情，重新整合内容

教材具有普适性，相同的教材内容不一定适合不同基础的学生。教材结构在一定程度上把知识结构与学习者的心理特征联系起来，这就需要教师根据学生的实际情况，将固定的教材结构转化为灵活的教学结构，关键是对教材的调整和加工（见表2）。教材是为教学服务，为培养人的发展服务的。因此，根据不同的学情，教师需要对教材单元进行一定的调整，这样才能构建真正的教学单元内容。

表2 教材调整和加工方法

教材调整		
	取舍	对符合课程目标、切合学生实际、语言地道真实的内容取而用之，不符合的则舍之
	增补	针对语篇主题信息滞后、文本观点片面等问题，从课外精选具有时代气息或观点独到的素材，补充到教材内容
	校正	对教材中不够完善或全面的内容，加以完善
	拓展	对教材活动设计中，学习任务过于简单或不够充足之处予以扩展或充实
	替换	针对不符合学情或情境设置的活动，替换局部教学内容或活动
	调整	改变教材原有陈述顺序，使之体现语言学习的过程性、渐进性、发展性

(续表2)

教材加工		
	深化	对浅显的、学生易于掌握的教材内容进行深化，分析其内在逻辑关联
	转化	对学生理解困难的部分做深入浅出的转化
	归类	把知识点归属到一定类别中，将知识范围扩大
	结构化	把教材内容组织成有层次的网络结构，帮助学生形成整体观念

（五）指向素养，建立目标体系

随着新课标的颁布与实施，教学的改革很大程度上体现在教学目标是否指向素养立意，以及是否建立相关联的单元育人目标体系。单元目标、课时目标都需要将学科核心素养整合性地融入各个教学活动，单元目标并非各课时目标的叠加，而是课时目标从各个维度服务于单元目标。以人教版英语八年级下册 Unit 5 Do you want to watch a game show? 的单元目标为例。在本课学习结束时，学生能够获取文章大意及段落大意，并以时间轴的方式梳理 Mickey Mouse 诞生及成名的过程；讨论、分析 Mickey 受欢迎的原因及证据，并以思维导图的方式介绍 Mickey 这个卡通人物；对 Mickey 的品质和精神内涵进行评价，联系生活实际，向小人物大英雄致敬；小组合作，选择一个中国典型的卡通人物，讨论并分享其受欢迎的原因及品质。以上单元目标的设计从学习理解、应用实践，再到迁移创新，体现了思维从低阶走向高阶的过程设计，并且着重培养学生在不同的情境中用英语解决问题，体现了英语学科整体育人观以及秉持英语学习活动理念的具体实践。

（六）关注思维，开展活动教学

新课标明确提出学思结合，用创为本的英语学习活动理念，提倡让学生在体验中学习、在实践中运用、在迁移中创新的学习理念，围绕真实情境和真实问题，激活已知，参与到指向主题意义探究的学习理解、应用实践和迁移创新等一系列相互关联、循序渐进的语言学习和运用活动中。因此，教师在设计层次活动时，必须明确不同层次和类型活动的具体形式，这样学生才能在不同类型的活动中发展核心素养。此外，活动的推进，需要教师根据主题意义的探究设计真实问题进行个人思考、集体讨论和形成共识和方法。

（七）聚焦成效，实施持续性评价

开展持续性的单元评价，及时收集学生在学习过程中的数据，有利于师生共同调整"教"与"学",也更能让学生获得学习的信心和动力。笔者发现,本区域的大部分教师已形成评价的意识,但是仍然缺乏评价的策略和方法,总体就是教师的评价素养还有待提升,那么如何破解这个难点呢?笔者在这里提出几点建议仅供参考:一是要明确评价的主体是学生,可采取多元化的评价方式;二是根据学习内容、学习目标确定评价方式;三是坚持开展持续性评价,以单元评价统筹课时评价,将课时评价嵌入课时的活动中。

三、结束语

单元整体教学是落实学科立德树人根本任务、培养学生核心素养的重要抓手。在学习和借鉴全国各地探索出的具体实施路径时,我们英语教师要保持清醒的认识和理智的思考,以生为本,以本区域的实际情况为本,逐渐摸索出适合实际情况的单元整体教学实施路径。

参考文献

[1] 中华人民共和国教育部. 义务教育英语课程标准(2022年版)[M]. 北京:人民教育出版社,2002.

[2] 王蔷,周密,蒋京丽,等. 基于大观念的英语学科教学设计探析[J]. 课程·教材·教法,2020(11).

一种改变：做教材的思考者
——高中英语单元整体教学设计中教材的解读与处理

广东省河源市东源县教师发展中心　朱妙芳

随着《普通高中英语课程标准（2017年版）》（以下简称《课标》）的颁布，以及新教材的实施，学科教学要从整体解读和把握教材内容，注重学科育人价值的体现。但反观当前的单元教学实践，相当部分教师由于没有正确理解教材的内涵、缺乏处理教材的方法等，仍习惯做教材的"搬运工"，按照教科书的呈现顺序按部就班地进行教学，忽视教材各部分内部之间的关联，从而形成一种碎片化的教学形式。碎片化教学不利于学生建构结构化的知识体系，更不利于学生学科核心素养的形成。因此，在新课改的大背景下，教师如何树立教材观、树立什么样的教材观是教学迫切需要解决的问题。

一、明确指导教材的理念

2012年11月，党的十八大报告提出："把立德树人作为教育的根本任务，培养德智体美全面发展的社会主义建设者和接班人。"2014年，教育部颁发《教育部关于全面深化课程改革落实立德树人根本任务的意见》，强调把课程改革作为落实立德树人根本任务的重要抓手和突破口。2017年10月，习近平总书记在党的十九大报告中指出："要全面贯彻党的教育方针，落实立德树人根本任务，发展素质教育，推进教育公平，培养德智体美全面发展的社会主义建设者和接班人。"基于党的教育方针，为落实立德树人根本任务，《课标》结合学生发展核心素养的要求和学科特点，凝练出英语学科核心素养。单元整体教学设计旨在从教材整体出发，分析并整合单元教材内部各个部分之间的关联，教师结合实际教学需要，灵活地和有创造性地使用教材，是落实立德树人根本任务，以及培养学生学科素养的重要实施路径。

单元教材的分析是单元教学设计的起点，也是践行学科育人价值的关键环节。因此，教师须基于立德树人育人观，以课程标准为纲领，以培养学生学科核心素养为导向，注重对教材的解读和处理，认真研究教材中的育人价值。

二、正确理解教材的内涵

教材是"实现培养目标的基本手段，是教学、考试的重要依据"，同时也是影响读者最为深远的文本。程晓堂在《英语教师如何有效使用教材》一文中提到，教材是为实施课程服务的，教材的主要功能就是帮助教师和学生实现课程的教育教学目标。所以，对教师而言，教材是育人过程中强有力的"武器"；对学生而言，教材是影响他们一辈子的思想润田；对教学而言，教材是让教师和学生之间迸发出生命火花的大磁场。

从2020年秋季开始，广东省高一新生已使用人教版新教材。在教材框架上，修订后的新教材对原有教材相似或相近的单元主题进行了整合，删减了个别意义相对狭窄的主题，新增了一些贴近时代、展现中外优秀文化的主题。在教材内容上，修订后的教材单元主题真实性更强，语篇题材、体裁覆盖面更广；反映了当代社会发展性变化、科技进步新成果，展示了新时代中国特色社会主义新成就，将先进的教育思想和理念融入教材之中。这些变化使教材的主题意义更加突出，内容的深度和广度都大大提高。

教材的分析可从教材内容和教材结构两个维度着手。

（一）教材内容分析是教材分析的核心

教师需以教材的单元主题为引领，概括单元内部各个语篇的主题和内容；了解语音、词汇、语法、语篇和语用等学习内容的分布，以及听、说、读、写、看各项语言技能板块所涵盖的主题语境内容要求，语言知识、文化知识、语言技能的集中体现；分析各语篇的类型、特征、表达方式等，从而明确各教材单元的大观念，各技能板块的核心要求，更好地体现学科育人价值，培养学生英语学科核心素养。以人教版《英语》必修第一册第三单元 Sports and Fitness 为例，本单元共涉及6个语篇，具体教材内容分析见表1。

表1 《英语》必修一第三单元教学内容

语篇	语篇类型	语言技能	语篇内容	语篇主题
1	主题图、名言警句、对话	Listening and Speaking	关于体育运动与体育赛事	认识体育运动与体育赛事，发出邀请和答复邀请
2	杂志文章	Reading and Thinking	关于郎平和乔丹两位运动传奇人物的介绍	认识和评价在世的体育传奇人物
3	对话	Discovering Useful Structures: Tag Questions	有关体育运动和社交的对话	校园生活中的体育活动及社交

(续表1)

语篇	语篇类型	语言技能	语篇内容	语篇主题
4	对话	Listening and Talking	有关体育精神的对话	认识体育精神
5	记叙文	Reading for Writing	主人公 Kayla 成功的健身经历	认识体育与健康生活的关系，树立正确的健身意识
6	说明文、对话、问卷调查	Reading, Listening, Speaking and Writing	做一个关于运动爱好与需要的调查报告	总结和复习单元的相关内容，反思与评价

从表1可知，单元语篇主要围绕"体育与健康"这一主题，内容包括认识体育运动与体育赛事、认识和评价在世的体育传奇人物、认识体育精神及树立正确的健身意识等。通过对各个语篇主题和语篇内容的分析，可以提炼本单元的主题意义是运动与健康教育。学生学习本单元后能认识有关体育与健康生活的知识和关系，树立正确的健身意识。

（二）教材结构分析是对教材内容的分析

教材结构分析是对教材内容的构成关系、逻辑顺序、组织形式等方面的分析。教师可以从单元整体的视角去把握教材，分析教材单元学习内容与要求在整个教材知识体系中的具体分布，以及各知识点之间的关联方式和连接点。同一教材单元中听、说、读、写、看各项技能在语言知识、文化知识、语言技能等方面的联系和承接关系。例如，针对 Sports and Fitness 的单元学习，在分析教材结构时可以围绕"体育与健康"这一主题，综合考虑学情与教材特点，并制订单元内容整合方案（见表2）。

表2 《英语》必修一第三单元内容整合方案

课时	语篇内容	语篇主题
1	语篇1：关于体育运动与体育赛事（名言警句、对话）	认识体育运动与体育赛事，发出邀请和答复邀请
2 3	语篇2：关于郎平和乔丹两位运动传奇人物的介绍（杂志文章）	认识和评价在世的体育传奇人物

（续表2）

课时	语篇内容	语篇主题
4	语篇3：有关体育运动和社交的对话	了解校园生活中的体育活动及社交
5	语篇4：有关体育精神的对话	认识体育精神
6	语篇5：主人公Kayla成功的健身经历（记叙文）	认识体育与健康生活的关系，树立正确的健身意识
7	语篇6：做一个关于运动爱好与需要的调查报告（问卷调查）	总结和复习单元的相关内容，反思与评价

教师可以从主题内容（横向）和主题意义（纵向）两个角度对本单元内容进行整合，帮助学生建构主题意义。学生通过学习以上语篇，了解各类体育运动、体育赛事以及体育人物。教师在编排课时的时候，可以将语篇1和语篇3、语篇2和语篇4分别整合成两个小单元。在语篇1和语篇3整合的学习小单元，有助于学生全面了解校内、校外各类的体育运动和体育赛事。在语篇2和语篇4整合的学习小单元，有助于学生通过了解和评价体育传奇人物深入探讨体育精神。

三、掌握处理教材的方法

教材具有普适性，相同的教材内容不一定适合不同基础的学生。教材结构在一定程度上把知识结构与学习者的心理特征联系起来，这就需要教师根据学生的实际情况，将固定的教材结构转化为灵活的教学结构，关键是对教材的调整和加工，具体方法见表3。

表3 教材调整和加工方法

教材调整	取舍	对符合课程目标、切合学生实际、语言地道真实的内容取而用之，不符合的则舍之
	增补	针对语篇主题信息滞后、文本观点片面等问题，从课外精选具有时代气息或观点独到的素材，补充到教材内容里
	校正	对教材中不够完善或全面的内容，加以完善
	拓展	对教材活动设计中，学习任务过于简单或不够充足之处予以扩展或充实
	替换	针对不符合学情或情境设置的活动，替换局部教学内容或活动
	调整	改变教材原有的陈述顺序，使之体现语言学习的过程性、渐进性、发展性

（续表3）

教材加工	深化	对浅显的、学生易于掌握的教材内容进行深化，深入分析其内在逻辑关联
	转化	对学生理解困难的部分做深入浅出的转化
	归类	把知识点归属到一定类别中，将知识范围扩大
	结构化	把教材内容组织成有层次的网络结构，帮助学生形成整体观念

要改变现状，最根本的还是要转变教师固有的理念和思维方式。面对新时代育人的要求、新课程标准的纲领、新教材的实施，教师首先要做出的一个改变就是树立新的教材观——变"教教材"为"用教材教"。教师备课思路改变了，课堂才会有变化，教学效果才能有真正的提升。

参考文献

[1] 教育部. 普通高中英语课程标准（2017年版）[M]. 北京：人民教育出版社，2018.

[2] 崔允漷. 如何开展指向学科核心素养的大单元设计[J]. 北京教育（普教版），2019（2）.

[3] 胡润，陈新忠. 高中英语单元整体教学设计的策略[J]. 中小学外语教学（中学篇），2020（9）.

[4] 汤青. 高中英语单元教学设计指南[M]. 北京：人民教育出版社，2018.

探究"双减"下农村初中英语个性化作业设计

广东省河源市东源县实验中学 卓东方

一、"双减"下农村初中英语个性化作业设计原则

（一）创新多样

在"双减"下，对于农村初中英语作业的设计，教师需要进行有针对性的创新探索，对作业有多角度、多样式、多用性等方面的要求，要使农村初中孩子在上课所学的英语知识和英语技能，及对英语词汇的掌握等能力得到训练。英语作业的题目类型要更加新颖和多维，英语教师也需要合理规范地设计作业的内容，保证学生可以通过完成教师布置的作业达到预期的目的。

（二）层次分明

所谓"层次花样"作业，就是在传统作业的基础上创新的。在"双减"下，层次性是个性化的重要一步，此类作业要求考虑学生的英语基础，要根据学生的最近发展区进行分层。我们在根据这一原则布置作业时，要适应各个阶段的特点，还要了解操作的难易度。

（三）因材施教

因材施教是指教师有针对性地按照教育的对象、教育的目标，制定有针对性的教学作业；同时，还可以针对不同学生掌握知识的不同方法和特点进行不同的设计。从哪些层面开展工作，采用什么样的形式及内容，都直接影响学生的综合学习能力。在"双减"下，英语教学的目标应充分体现提升农村初中毕业生语言的实际应用水平的教学导向，根据学生的不同特点，帮助其实现理想的学业目标。

二、"双减"下农村初中英语个性化作业设计策略

（一）设计差异性分层作业

当前，农村初中学生之间在主观和客观上都存在着学习差异。这种差异会导致有的学生无法完成同样难度系数的作业。分层布置作业就是将学生按

照学习差异进行分层,再为各层次的学生布置难度、量度不同的英语作业,以更好地适应学生的学习需求,提高作业练习的针对性,同时又可以节省学生的时间,减轻学生的负担,这正符合"双减"的要求。第一步工作就是对学生进行分层(可以按成绩、积极性、灵活性、创造性等),这需要教师对每一个学生的学情有充分的了解,不仅要了解学情,也要了解他们在学习态度、兴趣爱好及原有基础等方面的差异。

此外,初中英语老师在给学生布置作业时,不仅需要保证作业的科学性,还要考虑班级所有学生的不同特点。学生对知识点的熟悉程度,也有着巨大的个体差异,所以老师们在设计作业时,就必须考虑学生的差异,科学地设计作业。针对基础知识较扎实的学生,教师可以安排一些要求更高的写作练习;针对阅读理解能力较薄弱的学生,教师可以布置一些简单的关于词汇掌握等方面的作业,逐渐提升学生的学习信心。此外,教师在布置作业的时候,不但要充分考虑学生的能力差异,还要在课程目标的指导下设定不同层次的作业内容,使学生能自由地做选择,这样可以提升学生的兴趣和保证学生完成作业的效率及质量。例如,针对认知能力不足的学生,教师可设计一些教材文章的跟读、词汇抄写等作业,让学生深入理解文章的内容;对成绩中等的学生,要求他们理解文章中的重难点知识,背诵重点段落;对成绩优秀的学生,可以减去机械性的抄写作业,鼓励他们对文章进行改写、续写和复述等,提升他们对英语知识的掌握运用能力。

(二) 设计制作型个性化作业

相较于城市初中生,农村初中生的实践能力、动手能力有待提升。因此,教师可以设计一些能促使学生动手实践的课后作业,如设计一些趣味性的动手作业任务,让学生感受"做中学"的乐趣。

因此,在教学 Our hobbies 时,教学目标是让学生能准确地拼读,并使用 hobby、poem、maybe 等单词;能用英文表达自己的爱好,如 collect stamps、go traveling、listen to music、walk a pet dog 等;能使用不同的方法正确地表达爱好,会运用 like、enjoy、prefer、be fond of、be interested in doing something 等结构;能利用在课堂上学习的语言基础知识与他人进行沟通,并能听懂有关爱好的话题或好友的请求等,按照实际状况以适当的表达接受或婉拒有关要求;能通过图画或文字描述一些与兴趣有关的小故事。结合学习目标和知识点,教师可以布置实践性较强的家庭作业,如让学生用画笔画出自己喜欢的活动,并用英语介绍自己喜欢这项活动的原因,制作画报或手抄报。在布置作业的过程中,教师用多媒体展示英文手抄报或画报的图片，为学生提供完成作业的思路。学生在了解手抄报的基本形式后，可以选择自己喜欢的图片和文字进行制作。比如学生在介绍游泳运动时，可以展示以下内容：Swimming is my favorite sport. I like the feeling of swimming. It can make my heart strong and help me relax. Swimming is a good way to keep fit. 除了制作手抄报，教师还可以让学生制作英文贺卡，并鼓励每个人至少制作3张贺卡，分别为自己的老师、好朋友、父母或其他亲戚制作贺卡，并写下祝福语。最后让学生将自己制作的手抄报、贺卡的图片发给教师，教师用多媒体进行展示，并评出最佳作品，进一步激发学生完成制作型作业的热情。

（三）以减量为前提设置个性化作业

减量就是在保障质的前提下，逐渐降低作业的总量，以"减量"为原则布置的英语作业，正契合了"全面压减作业总量和时长"的规定，可以确保学生在短时间内高效地完成作业，减轻他们的身心负担。教师应结合课内教学的具体内容，精简作业的内容，将课程教学的核心目标融入作业，在减轻学生负担的前提下，提升他们的学习效率。如在"Having fun"之"Topic 3 What time is it now?"的作业设计中，教师在设计和布置作业之前，首先研读本模块的教学目标，从"学习时间的英语表达方式""能够运用时间表达方式叙述日常活动"目标入手，设计课后作业，要求学生在10～15分钟内运用"At half past seven this morning""At eleven o'clock"等时间表达方式，写一篇60个单词左右的小作文，记录属于"你"的一天。在完成作业的过程中，学生会回顾课内教学的知识点，掌握运用时间表达方式描绘日常生活的技巧。所以说，以"减量"为原则设计作业，既减轻了学生的负担，也提升了他们的英语学习效率。

三、结束语

综上所述，在"双减"政策的指导下，农村初中阶段的英语教学应该改变传统的教育模式，尤其是在作业设计方面，教师绝不能一味地采用机械化和重复性的作业内容和形式，也不能通过过量布置作业的方式来强化学生对知识的印象；而是从"双减"政策的指导思想及目标出发，针对农村初中学生的真实需求和思维规律，设计兼具个性化、趣味性等特征的英语作业，最终实现提升学生英语综合能力的目的。

参考文献

[1] 包欣欣."双减"视域下提升作业质量研究:以初中英语作业的个性化布置为例[J].空中美语,2021(9).

[2] 吴丽."双减"背景下初中英语个性化作业设计研究[J].空中美语,2021(7).

[3] 白冬梅.初中英语个性化作业设计初探[J].新西部(理论版),2015(15).

第二编

融通课例

人教版八年级英语上册
Unit 9 Can you come to my party? 教学设计

广东省珠海市南屏中学 邓媛媛

一、教学设计

(一)背景

(1) 教学内容:人教版八年级英语上册 Unit 9 Can you come to my party? Section B 2a – 2c。

(2) 主题语境:日常生活——派对邀请。

(3) 语篇类型:邮件邀约。

(4) 授课时长:40 分钟。

(二)文本分析

本单元的主题是"派对邀请",这是本课的主题情景,也是中考考纲的重要话题之一——日常生活。新课程标准的总体目标是培养学生的综合语言运用能力。综合语言运用能力的形成建立在学生语言技能、语言知识、情感态度、学习策略和文化意识等素养整体发展的基础上。本节课的重点在于充分开发"派对"话题,拓展学用渠道,教学活动设计不限于书本的阅读材料,可延伸至课堂以外的真实生活情境中。

本课为第4课时,通过"活动邀约、同意赴约及礼貌拒绝"内化为学生日常口语交际中的表达习惯,并运用于生活;在情景教学与主题探讨中,融入"派对礼仪"等文化教育,让学生学会参与、学会合作、学会感恩,达到"一课一品"的德育教育效果。同时,引导学生解决生活中出现的实际问题。

(三)学情分析

初二学生对派对话题非常感兴趣。他们认为派对非常有趣、刺激,派对就是吃喝玩乐。但在我们的教育体制下,学生做事情缺乏计划性,因此,本节课的教学重难点就在于此。

(四)教学目标

(1) 学生能运用 skimming(略读策略),快速找出同意赴约及不能赴约的表达方式。

（2）学生能运用 scanning（扫读策略），快速找出课文中两名同学将为派对做什么准备。

（3）学生能在小组讨论中，通过对活动预案的分析，学会表达自己的观点及倾听他人。

（4）学生能模仿阅读文本，创设自己的派对活动计划，培养学生自我管理、自我控制的能力，培养学生的人文底蕴。

（五）教学重点、难点

教学重点：本节课是第九单元第四课时，对于学生已经掌握的知识来说，如何进行活动邀约、接收邀请、拒绝邀请是比较简单的。本节课通过"派对"这一载体，培养学生做事情的计划性和预测性，注重提高学生的文化意识和礼貌意识。

教学难点：学生如何恰当地设计有主题、有文化、有高度、趣味性强的派对活动计划。

（六）教学资源

（1）教师以"真实情境与课本资源相结合"为活动载体。

（2）教师以"导学案＋学生小组合作"为活动形式。

（3）教师以"线上跟读功能与拓展阅读"作为课前预习和预测的有效方式。

（4）教师以符合学生心理年龄和兴趣趋向的"网络问卷"的形式对课堂教学进行实时反馈。

（5）教师以"课后拓展"为课后巩固学习平台。

（七）教学过程

（1）课堂导入。教师通过音乐、图片猜派对名称，引入主题。学生听音乐、看图片，快速说出派对名称。教学目的是通过视频，让学生快速进入情境——派对话题。

（2）提取信息。教师播放班长 David 的邀请视频，让学生了解派对信息（时间、地点、派对种类），并通过 Pad 推送邀请。学生观看视频，回答问题：派对时间、地点及种类，通过 Pad 进行选择（参加与否）。教学目的是通过回答问题，使学生有效提取信息，唤起学生的学习动力，并让学生有机会展现自我。

（3）句型呈现。教师通过 Pad 推送两名同学的回复，布置阅读任务。学生运用 detail reading 阅读技巧阅读文本，并在 Pad 上选择答案。教学目的是通过运用阅读策略——detail reading，让学生在课本中找到目标语言。

（4）拓展阅读。教师引导学生进行拓展阅读——Tips for the party；阅读后，引导学生整理活动方案框架。学生运用 skimming 阅读技巧进行拓展阅读，在导学案上整理出活动方案框架（时间、地点、主题、所需物品、活动内容）。教学目的是拓展文段阅读，让学生输入方案框架要点；通过阅读，学生能整理派对计划的框架。

（5）头脑风暴，小组探究。教师展示图片，引导学生说出派对所需物品（装饰、食物、饮料、水果、礼物）；安排学生分组做任务，写出派对装饰、食物、礼物和活动等；引导学生进行小组分享。学生根据图片，说出派对装饰、食物、饮料、水果、礼物及活动信息；小组内发散思维讨论，形成自己小组的成果；分享并张贴讨论成果。教学目的是激发学生根据生活经验分组并探讨派对所需要的物品；让学生学会根据两国文化及爱好拓展小组相关任务或活动；所有的素材源自生活。

（6）课堂实操。教师引导学生制作 Party Activity Plan，通过 Pad 推送投票。学生根据小组选出的派对活动，提出可操作的方案，小组长做好记录，并在 Pad 上选出最受欢迎的欢送派对计划。教学目的是针对小组研讨成果，鼓励学生制订本组的活动计划；源自学生生活经验的选择可以驱动学生的学习动力。

（7）分享收获。教师引导学生进行自由分享，通过图示进行情感升华。学生自由分享收获。教学目的是通过设计欢送派对计划，培养学生珍惜友谊、尊重两国文化，提高学生审美情趣和国际理解能力。

课后作业。教师让能来的同学准备一些想对顾教授说的话；让不能来的同学写感谢信，制作感谢卡、回忆相册、回忆视频，或自由创作。教学目的是培养学生认真、严谨的做事态度，有计划地做事。

二、教学反思

本单元前三个课时注重活动邀约、同意赴约及礼貌拒绝，关注点在于细节的信息。因此，本节课注重训练学生在阅读材料中获取相关信息，用英语交流现实生活中遇到的问题，这不仅提升学生的思维灵活性，引导学生从多个角度思考问题，也能融入"派对礼仪"等文化教育。

线上教学环保且高效。在线投票功能可帮助教师及时获得反馈、及时调整教学重难点，尊重学生的选择，激发学生的学习动力。同时，教师可以随时调整教材的顺序,如在课本阅读中,先给学生呈现班长 David 的邀请信息(即文章的第三段),再给学生呈现两名同学的回复(即文章第一段和第二段);当教师需要补充教材以外的阅读材料时,可以运用线上平台中的同步阅读材料开阔学生的阅读视野;教师还可以对平台上的阅读文本进行多次修改,从而使学生对本话题有更进一步的理解。教师也会关注不同层次学生的需求,选择适合他们阅读的文本。

三、板书设计

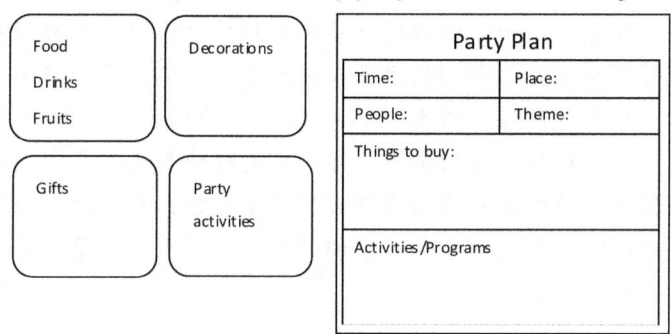

附: 活动报道

教博会上显身手,师生共展九中彩
——邓媛媛全国教博会英语专场展示课

2018 年 11 月 14 日,全国教育博览会英语专场现场会在珠海举行。全国各个省份的市、区教研员和骨干教师出席会议。这是近 10 年来范围最广、影响最大、规格最高的教育盛会。

邓媛媛副校长作为珠海市中学唯一代表与全国 4 所顶级教师代表一同为全国英语同仁和学生们展示精彩课堂。在武汉武珞路中学、佛山一中、深圳宝安外国语学校、中山纪念中学教师展示后,邓校长作为压轴教师展示了一节 8 年级的阅读课。上课主题是 8 年级上册关于派对礼节的内容。派对的话题对中国学生来说并不熟悉,邓校长却用学生熟知和喜爱的杜克大学顾晓梅教授即将返回美国作突破口,将学生的情绪一下子带入了对她的想念中,接着引出友谊长存欢送派对设计的主题。由班长的一封派对倡议书开始，让现场的学生和观众都跃跃欲试加入派对的设计。接着巧用课文材料、适当拓展阅读、全程支架建构、渗透国际文化理解，大胆放手让学生们自己讨论心中理想的欢送派对，并用高科技现场投票反馈，让这个课堂节奏紧凑，气氛热烈，犹如欢乐的海洋，惊艳了现场的 2000 多名全国教师和在线观看直播的 20 多万网友。本节课的成功不仅展现了邓校长的个人魅力，也是我校英语教师风采的缩影，更是珠海英语教学水平的集中体现。

更值得一提的是我校的初二级学生们。本次有 49 名初二学生有幸作为代表参与此次盛会（其中 1 名学生负责全天拍摄）。在全天紧凑的会议议程中，孩子们以极高的热情、敏捷的思路和流利的口语让上课教师和现场以及在线网友都赞不绝口。孩子们的课堂表现展示了珠海九中比肩顶级中学的实力，孩子们声情并茂的全英介绍让人们认识了珠海，更了解了我校教育教学、学生活动以及国际交流的特点。孩子们的极佳表现不是偶然为之，而是背后强大的团队力量和我校英语老师日积月累的付出换来的。特此，感谢所有参会和磨课的初二年级孩子们，感谢精心培育学生的英语老师们，感谢所有无私奉献的教职员工们！

人教版七年级英语下册
Unit 4 Don't eat in class 教学设计

广东省河源市东源县义合中学　谢杰华

一、单元教学内容分析

（一）单元主题意义

本单元的大主题是人与社会，子主题是班级与学校规则，主题意义是树立规则意识，人人都要遵守规则，规则让社会更美好。从遵守班规、校规到遵守社会规则、家庭规则，场景逐步深入。

（二）语篇分析

本部分的单元主题图以教室外墙壁张贴校规的形式呈现书面语体的规章制度，直观地运用否定祈使句"Don't…"。Section A 活动利用常见的班规、校规为线索介绍新语言，便于激活学生背景知识，使学生利用已有的经验进行学习建构。Grammar Focus 是对本单元所学语言结构的归纳总结，目的在于让学生有意识地关注本单元所学祈使句和相关情态动词的句型结构特征，进而模仿套用。为了更好地深化主题，创设情境激活语言背景，Grammar Focus 3a 让学生关注公共场合的规则，体现了规则在生活中的普遍性。图书馆的规章制度，是班规和校规的深入。Section B 将规章制度由"校规"转向"家规"，拓展了规则存在的场所以及规则带给人的感受。Section B 2a 的语篇文体是信，一封求助信，一封回信。西方孩子有烦恼时向专业人士或机构求助，Dr. Know 的回信指出遵守规定是学生的义务。本部分渗透如何做一个好学生，包括理解学校、理解家长，还有心理健康教育等。如果学生心中有困惑，应寻求合适的途径释放出来，这样有助于个人心理健康发展。

（三）单元结构

本单元的结构如图 1 所示。

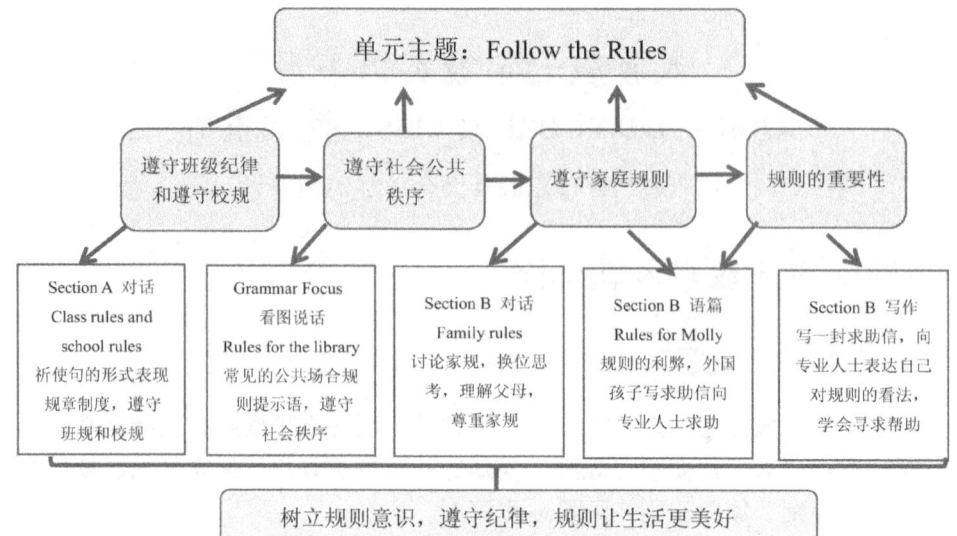

图 1　单元结构

二、学情分析

　　本单元的话题贴近生活实际，便于激发学生的兴趣，也便于进行德育教育，有利于实现学科育人、德育在学科教育中的渗透。

　　七年级的学生对规则这一主题并不陌生，对有关规则的名言如"国有国法，家有家规""无规矩不成方圆"耳熟能详，但是对于规则话题的探讨少之又少。七年级的学生处于青春期，自我意识的觉醒会让一部分学生尝试"打破规则"。他们认为规则是束缚，是桎梏，是阻碍他们自由生长的枷锁。本单元通过对规则的普遍性和重要性的探讨，让学生进一步加深对规则的认识，树立规则意识。

　　在七年级英语下册的 Unit 1 Can you play the guitar？中，学生已经了解情态动词 can 的用法，但 Unit 1 的 can 表示能力，而 Unit 4 的 can 则更多地表示许可，让学生意识到英语中的一词多义，更说明了语境的重要性，情态动词的使用方法为本节课的情态动词 must 打下基础。

　　本单元不仅学习情态动词，还要学习祈使句，这对学生来说有一定难度，书面语和口语的区别、语言使用的得体性、国外学生遇到困难是如何求助等一系列新的知识点，这也是学生学习的空白点和发展点。

三、单元教学目标

单元教学目标不是课时目标的简单相加,而是对教材内容的优化与重构,实现语言的横向联系。根据教材内容和学生情况的分析,指向语言能力、文化意识、思维品质、学习能力的核心素养,制定本单元的教学目标(见表1)。

表1 单元教学目标

核心素养	单元教学目标
语言能力	获取主题图关于规则的正确表达,了解祈使句的句型结构与使用场合
	正确使用否定祈使句"Don't…"陈述规章要求
	使用情态动词 can 表示许可,并能与本册 Unit 1 的 can 进行区分
	正确使用 have to 和 must 谈论规章制度
	正确使用情态动词 can,can't,have to,must 表达规则
	分析求助信的基本结构和特征
文化意识	认识中外的校规和家规
	了解外国学生遇到问题时会向专业人士求助
	了解英语语言的得体性,使用祈使句应注意场合
思维品质	树立规则意识,遵守班规、校规以及各项规章制度,能够遵守社会秩序
	辩证地看待规则,能对规则发表个人见解,表达对某项规则的同意或反对,并说明理由
学习能力	在情境中迁移应用已学过的情态动词的语法结构
	在情境中积极思考,完成小组任务

四、单元课时设计与评价

课时与课时之间,不是片面的联系,而应围绕大主题创设情境,进行探究主题的教学活动,统整教材,实现语言的横向联系。教师要强化目标语言,整合单元内容,探究主题内涵,拓展主题意义,设计形式多样的活动、问题式的教学活动,这有利于学生的思维由低阶走向高阶,改变以教授为中心,重在学生的学,多元化、多维度评价始终贯穿教学过程,实现教学评一体化。

每个课时设计一至两个核心任务来引领主题，问题的设计从易到难，从学习理解、实践应用以及迁移创新等维度设计教学活动，践行英语学习活动观。

本单元课时及核心任务设计如下。

课时1的设计。①教师播放一段学生违反课堂纪律的视频，向学生提问视频的内容，复习已经学过的单词（学习理解类活动）。学生观看视频并回答问题。本课时的设计是让学生用已经学过的现在进行时回答问题，以降低回答问题的难度，也可以激活语言背景。②视频播放完毕，教师让学生回答问题。思考问题：如果你是老师，学生违反课堂规则，你是什么样的心情，我们在课上应该怎么做？同学之间互相讨论并回答问题。通过换位思考，让学生明白违反规则会对老师造成的困扰，对他人造成的影响，从而树立规则意识。本课时通过课堂提问、小组讨论、全班分享及课后评价量表等来评价学生个人或小组梳理出的时间轴、表格等学习成果；评价学生能否准确提取目标语言的信息、分析班规的影响；学生自评、互评，教师评价交错进行。

课时2的设计。①学生谈论学校规则。有哪些规则是你赞同的，哪些是不赞同的。如果学校可以取消一项规则，你希望取消哪一项规则？学生根据提示回答问题，激发学生回答问题的欲望。听前预测，有助于了解文本内容。本环节可以依靠常识判断，帮助学生巩固本单元的目标语言。②学生思考规则的意义。为什么我们要遵守规则，如果没有规则，会是怎样的后果？学生小组讨论，各抒己见。思考校规的合理性，有助于树立学生的规则意识。规则既是约束，也是保护，同时也可以让学生表达个人对校规的想法，倾听学生的意见。本课时根据学生发表对校规的看法，评价和判断学生能否理性客观地看待规则；设计课后自评表评价学生能否理解规则的重要性。

课时3的设计。①教师向学生提问：如果我们去图书馆，需要遵守什么规则？教师可创设更多的情境，如电影院、饭堂、高铁等。同学之间互相讨论，根据已有的经验发表看法，还可以分享曾经遇到的别人违反规则的经历。教材中只限定了图书馆规则，适当补充其他公共场合的规则，可以丰富情境，也可以激活更多的目标语言，如电影院禁止使用手机拍照，这有助于学生在公共场合更好地遵守规则，更好地适应社会。②学生给学校定规则，答案不唯一，可以大胆想象。小组之间选出最喜欢的学校，并说明理由。（实践应用类活动）学生可以自由讨论，给学校定的规则要具体，有可操作性，小组之间互相点评。这是开放性的题目，有助于培养学生的创造性思维。规则这一主题与学生密切相关。通过制定规则，学生可以表达自己对规则的看法，树立规则意识。本课时通过教师提问，让学生联系生活并感知规则在生活中的重要性，能激活目标语言。若与现实情况相悖，教师要给予适当的引导。

课时 4 的设计。①教师让学生谈论各自的家规，学生可以各抒己见。国有国法，家有家规，家长都会给孩子定规矩，如不准看电视、不准玩手机、早睡早起等。学生可以借此机会表达对家规的看法，从而引导学生理解父母、尊重规则。②教师让学生给父母定规则，形成文本，并在课后与父母分享。学生写下自己给父母定的规则，要具体，如什么时间可以做什么事，便于获得父母的认同。这有助于培养学生的民主意识，便于互相理解，也能让父母们以身作则，尊重孩子的想法。本课时是让学生感受规则的重要性，父母给孩子定规矩是为了约束行为，而孩子给父母定规矩则更多的是为了公平。学生敢于表达，值得表扬。

课时 5 的设计。①教师让学生回忆一些不愉快的经历，回忆当时是怎么解决问题的，效果是否理想。如果可以求助，你会跟谁说？（板书一部分"不愉快的经历"，让学生给出相应的建议）让学生回忆不开心的经历，能够创设情境，更好地为语篇的学习做铺垫。给建议的过程也是互相帮助的过程，这能更好地增进同学之间的感情，也可以体现学生与同学、父母、老师之间的信任，更好地促进学生的心理健康发展。可根据自己的经验给出建议，如 listen to music, go out, talk to my friends 等，言之有理即可。②模仿 Dr. Know 的回信，让学生写一封回信，可用 Molly 的同学、老师、父母的角度提建议，注意语言的得体性。（迁移创新类活动）学生选择一个角色给 Molly 写回信。不同身份的回信会有不一样的风格。让学生明白换位思考规则的作用和意义，明白怎么做才可以应对规则。让学生明白，规则使生活更有序、更美好。

课时 6 的设计。让学生写一篇作文，给自己定规则，通过点评和批改，形成文本，粘贴在公告栏，互相监督。学生能使用目标语言进行文本创作，调动本单元所学的句子和语法结构，准确表达。给自己定规矩，让学生有契约精神。定规矩的过程是自我审视的过程，让学生学会内省，有助于培养学生的元认知学习策略，提高自身的自觉性与自律性。语言的掌握，也是一种创新，教师需要给予学生适当的引导。根据学生撰写的短文判断学生是否树立了规则意识；设计自评表，采取学生自评、互评以及教师评价相结合的方式，评价学生能否顺利完成短文写作。任务难度较大，但可操作、可测量、可评价，课后教师可以把他们的作品贴到公示栏，互相监督，这有助于良好习惯的养成。

九年级阅读课
If I were a boy again 教学设计

广东省珠海市唐家中学　江晓纯

一、指导思想

党的十九大明确提出："要全面贯彻党的教育方针，落实立德树人根本任务，发展素质教育，培养德智体美劳全面发展的社会主义建设者和接班人。"

新版《义务教育英语课程标准》在内容的选择上突出体现了全新的育人价值观和整合的内容结构观，确定以培养语言能力、文化意识、思维品质和学习能力等的核心素养目标。学生学习文化知识不仅是为了了解和记忆具体的知识点，也是为了开阔国际视野，增强家国情怀，奠定人文底蕴和科学精神，更是为了发现、判断文化知识背后的态度和价值观。英语课程内容由主题、语篇、语言知识、文化知识、语言技能和学习策略等要素构成。围绕这些要素，通过学习理解、应用实践、迁移创新等活动，推动学生核心素养在义务教育全程中的持续发展。六个要素构成一个紧密关联的结构，服务于学生核心素养发展的目标。内容结构中不仅包含语言学习必备的基础知识和基本技能，还包含了促进学生心智、情感、终身学习以及态度和价值观发展所必须依托的学习主题和多模态的语篇内容。语言学习不只是围绕语言这一符号体系展开，还要同步关注语言背后所承载的与立德树人直接相关的主题和跨文化知识以及其背后所隐含的态度和价值观。

确立发展性的教学价值观、知识观、学习观和教学过程观，克服表面的、表层的、表演的教学的局限性，走向意义性教学、理解性教学和生成性教学，引导学生深度学习，实现知识教学的育人功能，是深度教学的核心理念。教学中应帮助学生树立多元文化意识，形成开放包容的态度，发展健康的审美情趣和良好的鉴赏能力，加深对祖国文化的理解，增强爱国情怀，坚定文化自信。

二、教学分析

（一）主题语境

文章的主题语境为"人与自我"中的"生活与学习""做人与做事"

及"社会服务与人际沟通"。文章预设情境：假如"我"又回到了童年，"我"将如何重新做更好的自己。作者通过表达做事要有毅力、有勇气，事事乐观，养成专心致志的习惯，注意培养记忆力，学会拒绝无意义的事，鼓励青少年把握当下，从小养成良好的习惯，走好人生的每一步。

（二）语篇类型

文章为议论性散文，带有抒情性、形象性和哲理性等特点。

（三）文本分析

本文给读者一种富于理性的形象和情感，提供了一个广阔的思索和联想的空间，融情感、哲理、形象于一体，如文中引用的名言，能登顶金字塔的两种生物只有雄鹰与蜗牛。金字塔对应人生巅峰，雄鹰对应文段的 genius（天生才能），蜗牛对应文段的 perseverance（坚毅），得出"Perseverance can sometimes equal genius in its result."的领悟。读者通过鲜明的形象，领悟其内涵。

文章八段话，采用排比的形式，每一段以相同的句式开头，读者诵读起来朗朗上口、掷地有声，读者在韵律中体味说理的透彻有力。而虚拟语气的运用，仿佛要把读者带回童年，但一个无法实现的假设情境（重过人生），又提醒着读者回归现实，以暗示珍惜光阴、提升自我。文章以情感染读者，以优美的语言文字感动读者。论点鲜明，全文引经据典，通过正反对比、比喻、类比等手法，借助想象与联想，由此及彼，由浅入深，表达作者的真情实感，实现物我的统一，表达人生哲理，展现出更深远的思想，使读者领会更深的道理。

（四）学情分析

初三学生心智趋向成熟，在中考冲刺阶段主动性较强，学习意愿强烈。本班学生学习基础较扎实，有阅读的习惯。在现阶段各科高强度学习的状态下，也会有书到用时方恨少的感悟。因此，在本文预设的语境学习中，学生会表现出较强的求知欲和表现欲，愿意表达自己的观点与意见。

（五）教学目标

教学目标体现在语言能力、学习能力、思维品质、文化意识等方面。学生通过速读和细读，借助声音、图片、视频、文字描述等理解文章要点，通过对比分析、讨论等形式加深对文章的理解，体会作者的写作意图，学习专注、记忆、勇气、乐观等个人品质，学会合理拒绝、善待他人及为他人谋幸福等生活目标。通过感受、理解虚拟语气句型"If I were…, I would…"所创设的语境，明白生命没有再来一次的机会，要珍惜当下，强大自我。学生通过理解英语语言中的比喻与象征物的不同，感受文化、地域的差异对语言的影响。

（六）教学重点、难点

重点：教师通过设计合适的课堂练习活动，帮助学生梳理文章脉络，理解作者的写作意图，感悟人生的真谛，并在领会文章的表现手法的基础上，用语言或文字表达自己的感想。

难点：文中部分抽象名词影响学生对文意的理解，如 perseverance, cultivation, cowardice 和 courtesy 等。学生要发现、归纳出语言文字的特点，总结出议论性散文的表现手法，这需要一定中文文学功底。学生人生阅历尚浅，从理解文意到感悟人生，需要一定的生活积累与教学引导。

（七）教学资源

教学资源有课外文本、多媒体平台资源、网络视频、Focusky 资源、学案等。

三、教学过程

Students are divided into 8 groups and each group has a paragraph from the prose.

Activity 1：Warming up and leading in. Teacher plays the music video "If I Were a Boy" to arouse the students' interests. Teacher talks freely with the students about their childhood, their ideas about sharing feelings, etc. （英文歌曲除了暖场，也是本节课句型的另一个语境意义。教师通过追问，引导学生分享快乐的同时，思考是否有不快乐或不成功的经历。假如能回到从前，我们是否会做得更好。时间为 3 分钟。活动层次为感知与注意、描述与阐释。）

Activity 2：Discussion. Teacher asks the students what they think a true man should be. Some pictures are provided as tips. Students compete to speak out as many adjectives as possible. （学生通过头脑风暴巩固关于优秀品质的英语形容词。这与后文提到的要培养的品质相呼应。时间为 5 分钟。活动层次为描述与阐释。）

Activity 3：Reading 1. Students read their own part aloud. （randomly）Each group discuss and find out the key words of their part. （学生课前的任务是熟读手头上的文段，到此为语音上的感知。学生通过小组讨论，寻找中心词，进一步深化认识。时间为 8 分钟。）

Activity 4：Grouping. Students are asked to divide the key words into groups. Then they can operate the computer to do the grouping job. Teacher summarize the activity. （学生通过分类活动，了解文章主题及篇章主干。时间为 5 分钟。）

Activity 5：Reading 2. Students are allowed to read the whole passage along with the pure music "Childhood Memory". （学生通过全文诵读，感受语言的力量与作者的情感。时间为 4 分钟。）

Activity 6：Figure of Speech Learning. Students discover the structure of the prose. Students watch the video clip of "I have a dream" from Martin Luther King. Students continue to learn more figures of speech through different examples. Students try to understand the 4 types through exercises. Students discuss with group members and find out the sentences in the prose using these types. （学生通过观察全文，归纳文章的排列方式。学生通过感受马丁·路德·金的演讲用词，感受排比的力量。学生通过观察例句，学习理解其他修辞手法。学生通过小组讨论，在文本中找到对应修辞法的句子。时间为 10 分钟。）

Activity 7：Writing. Students try to imitate the four types of figure of speech through writing. （学生通过仿写，尝试使用明喻、暗喻、拟人或排比的修辞法进行。时间为 5 分钟。）

Homework. （Omitted）

新课标（Go for It）九年级上册
Unit 7 Teenagers should be allowed to choose their own clothes 听说课教学设计

广东省珠海市唐家中学　江晓纯

一、指导思想

党的十九大明确提出："要全面贯彻党的教育方针，落实立德树人根本任务，发展素质教育，培养德智体美劳全面发展的社会主义建设者和接班人。"

《普通高中英语课程标准（2017 版）》提出了指向学科核心素养发展的英语学习活动观。"英语学习活动观是指学生在主题意义的引领下，通过学习理解、应用实践、迁移创新等一系列体现综合性、关联性和实践性等特点的英语学习活动，使学生基于已有的知识，依托不同类型的语篇，在分析问题和解决问题的过程中，促进自身语言知识学习、语言技能发展、文化内涵理解、多元思维发展、价值取向判断和学习策略运用。"

确立发展性的教学价值观、知识观、学习观和教学过程观，克服表面的、表层的、表演的教学的局限性，走向意义性教学、理解性教学和生成性教学，引导学生深度学习，实现知识教学的育人功能，是深度教学的核心理念。

教学中应帮助学生树立多元文化意识，形成开放包容的态度，发展健康的审美情趣和良好的鉴赏能力，加深对祖国文化的理解，增强爱国情怀，坚定文化自信。

二、教学分析

（一）主题语境

主题语境是人与自我（生活与学习、做人与做事——个人、家庭及学校生活、健康的生活方式、积极的生活态度）。

（二）文本分析

本文的语境主要是人与自我。以"Teenagers should be allowed to choose

their own clothes." 为主题展开，包括能够就生活与学习中的各项规则发表自己的意见并陈述支持或反对的原因。

本文的价值取向在于通过学习，理解"无规矩不成方圆"，以及生活与学习中的各项规则，有利于学生更自由地施展自己的特长与才华，也鼓励学生针对部分规则提出自己的意见与建议。

文本是3个场景的3段对话，通过听选、听填信息，小组讨论、个人复述，模仿朗读等活动形式，引导学生发表观点与意见，抒发个人情感。

（三）学情分析

初三学生的心智趋向成熟，对生活与学习的场景比较熟悉，也逐渐形成自己的人生观，因此在语境学习中会表现出较强的求知欲和表现欲，愿意分享自己的观点与意见。

（四）教学目标

教学目标体现在语言能力、学习能力、思维品质、文化意识等方面的内容。学生通过运用目标语言谈论各项规则，说明支持或反对的理由；通过自主学习、合作学习和探究学习，观察图片、图标和关键词等信息，预测和理解篇章内容，获取信息、挖掘内涵、比较异同、讨论分析与发表评价；从篇章中汲取文化精华，涵养内在精神，形成个人修养，进而影响自己的行为取向。

（五）教学重点、难点

重点：学生针对各项规则，发表自己的观点。学生相互讨论，理解规则在生活与学习中的意义。

难点：学生学会运用目标语言评价规则，并陈述理由。

（六）教学资源

教学资源有多媒体资源和学案等。

三、教学过程

Activity 1: Warming-up. Students watch a short video about the school uniforms of China in different decades, providing uniforms of other countries. The teacher and students freely talk about the so-called "the mother cold", feeling mother's lifelong love.

（通过展示各个年代的中国校服，以及各国的校服，激发学生对单元话题的兴趣；通过妈妈对孩子衣服的建议，感受母亲的关爱。时间为3分钟。活动层次为感知与注意、获取与梳理。）

Activity 2：Pre-listening & Speaking. The teacher guides students to sense the change of relations between parents and kids, discussing the reason – more rules in life. Game – Students speak out the activities in life as quickly as possible. The teacher guides students to express their opinions about different rules in life.

（通过图片感受规则对亲子关系的影响；通过竞赛唤醒已知词汇并熟悉新词汇，为句型输出做铺垫，游戏增加课堂趣味性，让学生专注于课堂；通过引导式问答，帮助学生理解并使用目标语言，表达个人看法。时间为5分钟。活动层次为感知与注意、获取与梳理、描述与阐释。）

Activity 3：Listening & Speaking 1. Students look at the picture and predict. Students listen and choose the correct answer. The teacher guides students to think about why Anna' mother thinks so.

（学生通过观察图片进行听前预测；学生通过听取关键词获取篇章信息；学生通过讨论，对家长的观点提出自己的意见，同时学会换位思考母亲的出发点，训练学生的思维与表达，深化主题。时间为4分钟。活动层次为获取与梳理、概括与整合、分析与判断。）

Activity 4：Listening & Speaking 2. Students look at the picture and find out some background information about Larry. Students listen for the first time and choose the correct words. Students listen for the second time and complete the reasons for each statement from Kathy or Molly. Students try to find out the ways to reply others' statements. Students discuss in a group about whether they could have a part-time job.

（学生通过图片获取背景信息。学生通过听取特定信息，获取个人观点。学生通过听取关键词，理解篇章大意。学生通过观察，发现与归纳回应他人观点的方式有哪些。学生通过合作探究，分析讨论学生兼职的优缺点。小组分享，训练思维与表达，激发学习积极性。时间为10分钟。活动层次为获取与梳理、推理与论证、分析与判断、想象与创造。）

Activity 5：Listening & Speaking 3. Students share ideas about the result of being late for class after working day and night. Students listen and answer 5 questions in a sentence after taking down key words. Students try to retell the story of Peter with the help of pictures. （one for each blank） Students challenge to retell the story with only key words. （group work）

（场景过渡，激发学生思维。锻炼学生速记关键词、口头组成句子的能力。学生通过图片等形象思维，回忆词汇等语言文字，描述故事大意。学生通过团队合作，把碎片化的词汇合并成一段完整的故事。时间为 8 分钟。活动层次为获取与梳理、概括与整合、内化与运用、想象与创造。）

Activity 6：Post Listening & Speaking 1 – Discussion. The teacher discusses with students what may happen if there were no rules in school. A short video provided.

（归纳前面的 3 个场景，引导学生理解规则是为了让他们更自由地成长，无论是学校还是家庭规则；教师也可以对部分规则提出适当的修改建议。时间为 3 分钟。活动层次为推理与论证、批判与评价、想象与创造。）

Activity 7：Post Listening & Speaking – Imitating. Students watch a short video about the poem "Mom Knows Best" and enjoy the rhythm and lines. Students practice reading it themselves. Presentations.

（学生通过观看范例、模仿朗读，从诗歌与配图中感受母爱：纵有千条规则，一切都是为了我们。跟读，提升语音，增强语感，加深理解。学生展示，增强自信。时间为 10 分钟。活动层次为感知与注意、想象与创造。）

Activity 8：Summary. A brief review of the lesson.

（回顾整堂课的学习内容，巩固认知，为后续课程做准备。时间为 1 分钟。活动层次为概括与整合。）

Homework. Students will read the poem again and find out the timelines and try making a mind map of the poem.

（深入感受诗文情感，通过绘制思维导图理解篇章内容。时间为 1 分钟。活动层次为描述与阐释、内化与运用、想象与创造。）

新课标（Go for It）八年级下册 Unit 7 What's the highest mountain in the world? 阅读课教学设计

梅州市五华县周江中学　李莉平

一、教学设计

（一）背景

（1）主题语境是人与自然。
（2）语篇类型是阅读课/说明文/人与动物/保护熊猫。
（3）授课时长为40分钟。

（二）文本分析

本课是一篇关于认识熊猫及如何保护它们的文章。作为第七单元第二部分的文本阅读，本文从熊猫的生活习性、保护熊猫的原因及保护熊猫的方式等方面向同学科普知识。本课时结合数字继续学习形容词或副词的比较级和最高级，并通过丰富的阅读材料呈现形容词和副词的用法。2a是课前阅读，让学生在小组中谈论自己对熊猫的了解，为阅读做一些铺垫。2b要求学生从语篇中了解熊猫的生活习性、保护熊猫的原因及保护熊猫的方式。2c是回答问题，考查学生对阅读理解文本内容的理解。

（三）学情分析

本班的学生已经在八年级上册的 Unit 3 I'm more outgoing than my sister 学习接触了形容词和副词的比较级和最高级，所以对简单的形容词和副词的比较级和最高级的用法基本掌握牢固。会运用形容词和副词的最高级和比较级描述生活中的事件，语法层面的知识运用还是比较容易接受的，更重要的是要让学生领悟人与自然和谐相处的意图。无论是动物、植物抑或是环境，我们每一位社会公民都应该有保护自然、保护动物的意识，这才是本篇课文的初衷。引导学生理解自然文化，创造社会文化，就显得尤为重要。但是，由于学生的文化知识比较薄弱，阅读理解文章语境的能力比较欠缺，有些学生因为害怕犯错，可能会在课堂上表现得没那么积极。

（四）教学目标

教学目标是从语言知识、文化知识、语言技能、学习策略角度考虑的。在本课学习结束时，能使学生掌握本课时的单词、短语及句型，学会运用现在完成时谈论有趣的景点，了解熊猫的生活习性、社会现状以及熊猫所处的环境；激发学生对濒危动物的了解欲望，以及热爱动物、保护动物的意识，让学生们感受人与自然和谐相处的重要性，培养学生"绿水青山就是金山银山"的生态和谐理念；利用思维导图复述课文，培养学生的批判性思维能力；提高学生阅读理解的解题能力，学会解决主旨大意题、细节题、回答问题及短文填空等相关的阅读题型；培养学生的合作意识和自主学习能力。

（五）教学重点、难点

重点：阅读技能和理解能力的培养；学会运用形容词和副词的最高级和比较级描述生活中的事件；了解语篇情境，学会用自己的语言复述文章。

难点：文化知识的理解；思维导图的运用。

（六）教学资源与教学方法

教学资源：图文视频、多媒体课件、音频。

教学方法：在本课中，我想使用基于任务的语言教学法和交际教学法。当我要求学生浏览文章时，他们将尝试根据问题查找答案。在课程中，学生将分为几个小组讨论一些问题。为了使我的课程变得更轻松和生动，我还将使用多媒体计算机系统来激发学生的兴趣。

二、教学过程

Warming up

Step 1 Let's play a game! Imitation of animals sounds competition. （教师利用PPT展示平时熟悉的动物照片，引导学生通过玩游戏——模仿动物叫声大赛，激发学生的学习兴趣，让学生沉浸在愉快、熟悉的学习氛围中，带着好心情上好这一节课。时间为3分钟。学生独立完成任务。核心素养为教师巧妙地将学生的生活环境与教学相结合，调动学生的多重感官。）

Step 2 Watch a video. （通过播放成都研究基地如何保护熊猫的宣传片，拉近主题与学生之间的距离，激发学生的学习兴趣，新知联系旧知，学生在热烈的讨论中树立自信。时间为2分钟。教师与学生一起完成任务。核心素养为提升学生的思维能力以及观察能力。）

Before reading

Step 1 Brainstorm:Say something about pandas.(教师利用思维导图就熊猫的外貌、生活地点,生活习性等进行头脑风暴练习,锻炼学生的发散思维能力,引导学生进入阅读课堂,创造英语情境。时间为2分钟。全体学生一起完成任务。核心素养为激发学生的发散思维能力。)

Step 2 Watch a video about Chengdu Research Base. Show the main ideas:① It was founded in 1987. ② It started with 6 pandas that were saved from the wild. ③ A panda keeper.(教师播放成都研究基地的视频,开阔学生的视野,让学生对熊猫的生活习性有进一步的了解,为语篇阅读创设先行知识结构。时间为2分钟。教师与学生一起完成任务。核心素养为拓展学生的知识视野。)

While reading

Task 1 Fast reading:Read quickly, match the paragraph with the main idea.(教师在PPT上展示整篇文章图片,引导学生总结出每个段落的主旨。教师引导学生总结阅读策略:Key word & The main idea. Read the first or second sentences and the last sentence will help you get the main idea. 本环节的特色之处还在于教师设定1分钟内完成练习,提高学生的解题积极性。时间为2分钟。教师与学生一起完成任务。核心素养为提升学生的学习策略能力。)

Task 2 Detail reading:① Paragraphs 1 – 2 Read and answer. What do baby pandas eat for breakfast? What is Lin Wei's job? What do the baby pandas do when they see the keepers?(教师通过PPT展示1—2文段的问题。教师向全体学生提问,用英语关键词总结出答案。时间为2分钟。教师与学生一起完成任务。核心素养为锻炼学生的问题解决能力。)② Paragraphs 1 – 2 Useful phrases. When the babies see the keepers, they run over to them with excitement (n.) and some of the young pandas even walk into their friends and fall over!(教师提炼语篇精彩句型,给学生合作探究创设情境,体会happiness和sad的情感体验。目的是培养学生的英语素养。时间为2分钟。教师与学生一起完成任务。核心素养为提升学生个体之间的合作学习能力。)③ Scanning:Move your eyes quickly down the page to find specific information(特定信息). Paragraphs 3 Find information. 2000, 300, 12, 10. There are only fewer than 2000 pandas in the remaining forests; they are endangered.(一是学生通过自主搜索数字信息,体会数字后面所代表的含义。在本语篇中,数字所代表的信息是理解语篇的关键。要理解类似的科普性语篇,对数字信息的敏感能力也

是至关重要的。所以教师应注重锻炼学生的数字解析能力。二是提升学生的文化品格，进而引发思考：Our life is not as good as you think. We have many problems. 时间为2分钟。学生个体与个体之间一起完成任务。核心素养为提升学生个体之间的合作学习能力。）④ Paragraphs 3 Read again. Why are pandas endangered? （一是安排任务，学生自主讨论；二是教师利用思维导图围绕主题展开阅读总结；三是锻炼学生的口语表达能力、小组合作意识。时间为2分钟。学生个体与个体之间一起完成任务。核心素养为提升学生个体之间的合作学习能力。）⑤ Pandas are endangered, what should we do? （一是熊猫是濒临灭绝的国宝，我们该如何保护它们呢？本篇的核心素养就是唤起学生热爱自然、尊重自然，践行保护野生动物的理念，做到人与自然和谐发展。二是通过师生、生生互动，在PPT上利用思维导图帮助学生梳理文章的脉络；及时表扬善于解决问题的学生。三是完成答案后齐读短语，加深对重点短语的理解、记忆，增强语感。思维导图1和2时间各为2分钟。学生与教师，以及学生个体与个体之间一起完成任务。）⑥ Our government really tries hard to save the pandas. Made rules and laws. Set up natural reserves. www.ipanda.com.

After reading

Task 1 Summary (work in groups). Please retell what they learned by drawing the mind map. （一是复述课文，以前面一起制作的旅游攻略或思维导图为框架复述文章；二是采用分组、选举小老师的形式复述文章，并及时给予学生鼓励；三是选3名学生分话题复述，学生感兴趣，积极参与其中。时间为2分钟。核心素养为提升学生的批判性思维能力、合作意识、争当小老师的竞争意识，是学科核心素养的综合体现。）

Task 2 Extended learning. ① Not only are pandas endangered, but also many other animals are in danger. As teenagers, what should we do to protect endangered animals? ② No sale, no harm. The earth is our home. The earth is animals' home, too. Animals are our friends. ③ Show me your smart ideas. How can we students do to help save the pandas? Stop killing the animals. Plant more trees. Get together with animals in peace. Improve the environment. Do not pollute the water. Make the air clean. Build more nature reserves. （教师利用图片引领学生认识到濒临灭绝的野生动物不仅有熊猫，还有其他的动物；展示相关的保护动物的广告名言；引导学生各抒己见，作为青少年如何保护熊猫。进一步围绕本课时的核心素养提出策略，培养学生创造性的思维品质。时间为2分钟。教师与学生个体之间完成任务。核心素养是培养学生的跨文化

意识。)

Homework. For all the students, read the passage, then retell the passage. For certain students, choose one as your another homework：① Finish your own hand-copied newspaper. ②Watch BBC documentary Panda Maker, find more information about pandas from it. (教师给的作业形式要考虑学生的个体差异，要有多种形式，如思维导图、手抄报、BBC 视频等。目的是让不同层次的学生通过学习本语篇都能有所思、有所悟。时间为 1 分钟。学生独立完成手抄报任务，总结本课所学，达到内化语言的作用。学生要及时反思和自我评价，实现教学评价一体化。)

Teacher's Message. Animals are good friends, love them. To protect animals is to protect ourselves. (教师设计这一环节的目的是升华学生保护自然、人与自然和谐相处的意识，以达到育人的根本任务。时间为 1 分钟。核心素养是培养学生的学习能力，引导学生立志做一名爱学习、懂关怀、道德良好的新时代少年。)

板书设计

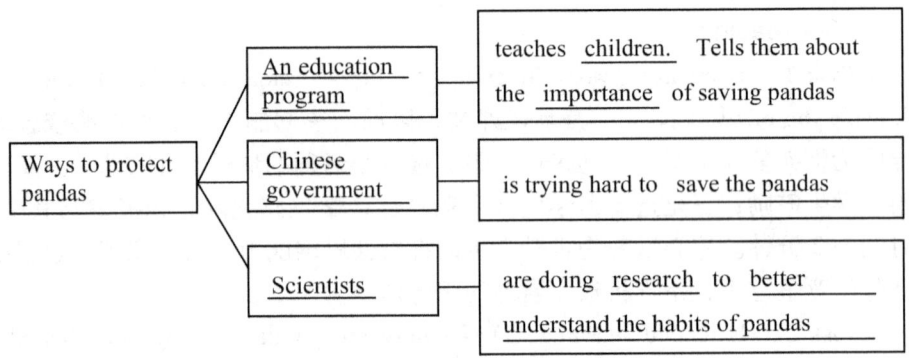

三、教学反思

本课的课题是八年级下册 Unit 7 What's the highest mountain in the world? Section B (2a～2e)，围绕如何保护熊猫这一话题，通过阅读课的形式分若干个小话题，通过设计问题链，层层递进，以思维的关联性和梯度性为主线，培养学生解决问题、运用知识的能力；发展学生的批判性思维能力；引导学生树立人与自然和谐相处的环保意识，并学会运用本节课的思维导图或手抄报的方法让保护动物、保护自然的意识入脑、入心。向家人或周围的环境宣传保护人类自己的好声音。

在这一课堂中，我认真处理好以下关系：掌握知识与发展智力的关系、智力活动与非智力活动的关系、教师的主导作用与学生主动性的必然联系；在教学中遵循理论联系实际原则、直观性原则、启发性原则、循序渐进原则、因材施教原则等教学原则。教学环节的设计从多维度、有梯度地循序渐进，分四个维度，三大进程（before reading，while reading，after reading）。以下根据教学设计的进程——分析本堂课的教学收获和不足之处。

Warming up. Task 1 Let's play a game！Imitation of animals sounds competition. 教师利用 PPT 展示平时熟悉的动物照片，引导学生通过玩游戏（模仿动物叫声大赛），激发学生的学习兴趣，让学生沉浸在愉快、熟悉的学习氛围中，心情愉快地上好这节课。Task 2 Watch a video. 教师播放关于成都研究基地的视频，通过播放成都研究基地如何保护熊猫的宣传片，拉近了主题与学生之间的距离，激发了学生的学习兴趣。新知联系旧知，学生在热烈的讨论中树立自信。

Before reading. Task 1 Fast reading. 教师在 PPT 上展示整篇文章的图片，引导学生总结出每个段落的主旨；教师引导学生总结阅读策略：Key word & The main idea。本环节的特色之处还在于教师设定 1 分钟内完成练习，提高学生的解题积极性。

While reading. 阅读的中间环节，教师通过设计问题链，把语篇内容分为 3 个主要观点，即 what，why，how，这 3 个特殊疑问句引领学生理解语篇，根据思维的关联性和梯度性，摘取与学生生活经验相关的知识内容或话题，把语篇的问题具体化、结构化；再利用思维导图的设计帮助学生更好地理解语篇，领悟高于语篇的观点，形成超越语篇的思想。①Paragraphs 1－2 Read and answer. What do baby pandas eat for breakfast? What is Lin Wei's job? What do the baby pandas do when they see the keepers？②Paragraph 3 Read again. Why are pandas endangered？③Pandas are endangered，what should we do？④Our government really tries hard to save the pandas. 基于英语学科核心素养下的语篇探究，本课时就是从思维品质、文化意识入手的。本课文被设计成一篇以广告旅行为话题的阅读理解。全文四个段落，分成三大阅读题型，分别是"W-questions"、思维导图和回答问题。同时，以学生为主体，教师采用 pair-work，group work，class work 的学习形式，引导学生在合作学习的同时习得解决阅读问题的方法，养成良好的阅读习惯，师生互动良好，顺利达到预习目标。

After reading 读后阶段，教师设计两个任务：Task 1 Summary. Let's sum up what they learned by drawing the mind map. 这是个 group work，让学生以小

组形式讨论如何运用思维导图来复述政府如何保护熊猫。完成后，教师挑选具有创造性、科学性的思维导图展示给大家，并一起复述主要内容。具体操作是复述课文，以前面一起制作的思维导图为框架复述文章；采用分组、选举小老师的形式复述文章，并及时给予学生鼓励；选 3 名学生分话题复述，学生感兴趣，积极参与其中。发言的学生是学生自己选出来的，所以学生们都以他们为荣，这样容易调动学生的积极性，效果良好。Task 2 Extended reading. ①Not only are pandas endangered, but also many other animals are in danger. As teenagers, what should we do to protect endangered animals? ②How can we students do to help save the pandas? 教师利用图片引领学生认识的濒临灭绝的野生动物不仅有熊猫，还有其他的动物；展示相关的保护动物的广告名言；引导学生思考，作为青少年如何保护熊猫。进一步围绕本课时的核心素养提出策略，培养学生创造性的思维品质。这 3 个语篇引申意义深远，最终回到以学科育人的根本任务。

  Homework 环节的设计，教师遵循因材施教的教学原则，启发学生学英语要达到运用英语的阶段。For all the students, read the passage, then retell the passage. For certain students, choose one as your another homework：① Finish your own hand-copied newspaper. ② Watch BBC documentary Panda Maker, and find more information about pandas from it. 作业形式考虑到学生的个体差异，故分多种形式，如思维导图、手抄报、观看 BBC 视频等，目的是让不同层次的学生通过学习本篇语篇能有所思、有所悟。

  Teacher's Message 环节的设计，教师尝试用人文关怀给予学生启迪，目的让学生不仅掌握英语的表达，而且还能懂得人文关怀，为筑建人类共同体而一起共享、共鸣："Animals are good friends, love them. To protect animals is to protect ourselves."。

  课前，教师对教学理念、教学设计以及多媒体课件的制作都做好了充分准备的。然而，在教学实践中，学生是具有能动性的个体，在教学的过程中教师仍然需要去反思。在实践的环节中，在进行小组合作、同伴合作的学习形式时，由于学生受传统教学模式的影响，教师还是要多想办法启迪学生，调动学生愿开口、乐合作的兴趣，才能真正提高学生的学习能力。在 While reading 阶段，教师设计了 what，why，how 3 个特殊疑问句引领学生理解语篇。预设的场景是让学生通过讨论，再结合 Summary 中的思维导图领悟其用意。结果在讨论过后，没有对讨论的结果进行总结，从而没有达到讨论的目的，针对这一点，以后在教学中要注意对学生做教学提示，再进行点评、总结，才能达到事半功倍的教学效果。

教师的主导作用要和学生的主动性结合起来。教师要善于按照教学任务和教学过程的规律对学生进行启发、讲解、训练和指点。此外，在新课标的要求下，如何做到学科育人、课堂创新，培养具有创造精神、实践能力的时代新人，是教师都要学习和反思之处。

教学相长。在教学实践中反思，在教学反思中实践。教师只有不断学习、不断反思、不断实践，才能顺应时代的要求，做一名合格的新时代英语教师。

中考英语语法专题复习教学设计：非谓语动词

广东省河源市东源县教师发展中心　朱妙芳

一、理论依据

《义务教育英语课程标准（2011年版）》（以下简称《课标》）明确指出，义务教育阶段英语课程的总体目标是培养学生初步的综合语言运用能力，并通过英语学习促进学生的心智发展，提高学生的综合人文素养。同时，《课标》也明确指出，各种语言知识的呈现和学习都应该从语言使用的角度出发，为提升学生"用英语做事情"的能力服务。

《普通高中英语课程标准（2017年版2020年修订）》（以下简称新课标）提到，学生发展核心素养是落实"立德树人"根本任务的需要，是全面实施素质教育、着力提高教育质量的需要，是提高我国教育国际竞争力的需要，因此应培养和发展学生的学科核心素养。学生学习英语不仅在于语言学习，还要培养思维品质、文化意识和学习能力，提高综合英语素养。

新课标指出"教师应处理好评价与教和学之间的关系，推动教、学、评一体化实施"。完整的教学活动包括教、学、评3个方面。王蔷、李亮（2019）在《推动核心素养背景下英语课堂教—学—评一体化：意义、理论与方法》一文中指出，教以目标为导向，指向核心素养的培养；学是为了发展核心素养，与教的内容一致；评则是为了促教和促学。

英语情境教学，是以情境教学基本理论为基础，通过创设具体生动的情境，提供尽可能多的英语语言环境，让学生更多地感受英语、说英语、用英语主导思维。

思维导图的应用。思维导图是大脑反射性思维的外部表现。在语法教学中运用思维导图法，帮助学生建构结构化的语法知识和关注内化提升，培养学生分析、概括、比较、思辨能力，从而提高学生的学习能力和思维品质，落实核心素养的培育。

英语学习活动观是指学生在主题意义引领下，通过学习理解、应用实践、迁移创新等一系列体现综合性、关联性和实践性等特点的英语学习活动，基于已有知识，依托不同类型的语篇，在解决问题的过程中，运用学习策略，学习语言知识，发展语言技能，理解文化内涵，提升思维品质和价值判断。

二、内容分析

一个简单句只能有一个动词做谓语，这个动词叫谓语动词。在这个简单句中，其他没有作谓语的动词就叫非谓语动词，在句子中可以做主语、宾语、定语、状语等各种其他句子成分。非谓语动词包括三种形式：to do，doing，done。本课时的教学内容为动词不定式。

《课标》里的附录 2 语法项目表中的动词项目明确要求学生掌握非谓语动词（动词不定式作宾语、宾语补足语、目的状语）的用法。要让学生掌握非谓语动词（动词不定式）的用法，其实就是要掌握动词不定式在各个句子成分的不同含义和用法。

该知识点在历年的中考真题中，2021 年语法选择考查为 1 分，完形填空和短文填空未考查，与 2020 年考查的题量持平，体现了三种题型考点互补的趋势。复习备考时必须重视语法选择，短文填空也不能忽略。（见表 1）

表 1　2020—2021 年广东省卷中考（语言知识运用）

考点	语法选择	完形填空	短文填空
动词不定式作宾语	—	—	—
动词不定式作宾语补足语	2020 年 1 分（expect sb. to do sth.）	—	—
动词不定式作状语	2021 年 1 分（动词不定式表目的）	—	—

三、学情分析

基本情况：九（1）班学生人数共 56 人，女生 22 人，男生 34 人。该班学生学习积极性普遍较弱，学习英语的兴趣不高，词汇量严重不足，英语基础比较薄弱，学科平均分在 40 分左右。

学生学习语法的普遍现状：学生整体水平发展不平衡，学生平时对语法学习有些被动，认为语法学习很枯燥、难理解，积极参与度不高。同时，学生对语法知识缺乏综合语言分析、推理、整合、概括的能力，没有形成有效的语法学习策略等。

本语法专题学情分析：学生对英语绘本阅读比较感兴趣，但是学生对非谓语动词（动词不定式）的概念、构成及用法的理解不清晰，不能很准确地判断非谓语动词在句子中充当的成分，未能把这语法点构建网络结构化。

四、学习目标

在本课学习结束时，学生能：①在英语绘本情境中理解非谓语动词（动词不定式）的概念、构成，通过辨析掌握动词不定式的基本用法，能准确判断动词不定式在各个句子中的不同含义和用法。（学习理解）②在语境中熟练运用中考非谓语动词（动词不定式）的解题技巧，完成课堂练习。（应用实践）③联系现实生活，充分发挥想象，运用所学动词不定式表达对故事的预测及个人观点。（迁移创新）④以合作学习的方式运用思维导图梳理本课时动词不定式的基本用法。

五、教学过程

Ⅰ. Warming-up

Listen to an English song *When You Say Nothing at All*.

T：Good morning, boys and girls. Before the class, let's listen to an English song. （教师营造愉快轻松的学习氛围，拉近与学生的距离。）

Activity 1 Enjoy a story.

T：Boys and girls, welcome to my class. Today we're going to learn non-finite verb (infinitive). I'm Sharon. Here are our learning goals. Now let's enjoy a story about a boy and a fly. When you watch the video, please pay attention to the words in red. I hope you will enjoy it. （教师以英语绘本及视频导入，创设情境，激发学生的学习兴趣，引导学生关注本课时的语法。）

Ⅱ. Comprehending

Activity 2 Observation and conclusion.

T：After watching the story, let's follow Buzz and the fly to learn infinitive.

T：Firstly, let's look at the following three sentences on the screen. （A fly was looking for something to eat. A fly went flying. A boy named Buzz went walking.）Can you tell me the difference between the word in blue (was looking, went, went) and in red (to eat, flying, named)?

S：Answer. （教师引导学生找出句子的谓语动词，并引出非谓语动词的概念、形式。）

- ❖ 概念：一个简单句只能有一个动词作谓语，这个动词叫做谓语动词；在这个简单句中，其他_____作谓语的动词叫做非谓语动词。
- ❖ 形式：非谓语动词有 to do, doing, done。
- ❖ 动词不定式构成：例句：He asked me **to play** chess with him. 他让我

和他一起下棋。（带 to）I saw a boy **go across** the road just now. 我刚才看见有个男孩过了马路。（不带 to）The teacher told me **not to be** late again. 老师告诉我不要再迟到了。（否定形式）

❖ 动词不定式构成："to + 动词原形"，有的不定式不带 to。否定形式是"＿＿＿ to +动词原形"（教师通过将英语绘本、视频中出现的非谓语动词的例句呈现在幻灯片上，引导学生观察、比较，从而理解非谓语动词的概念、形式，动词不定式的构成。）

Activity 3 Observation and arrangement.

T：Can you circle the infinitives? （Teacher asks students to circle the infinitives on the paper. Then speak out the functions of infinitives in each sentence.）

❖ 动词不定式在句子中充当的成分：Buzz went out to catch something.（作状语）He wanted to be free. （作宾语）His parents advised him not to keep the fly. （作宾语补足语）To make his parents happy was not easy. （作主语）（教师通过重点呈现视频中出现的动词不定式的例句，引导学生观察，并分析和归纳动词不定式在句子中充当的成分，提升学生的思维品质。）

Ⅲ. Applying

Activity 4　Analysis and judgment.

T：Now let's practice and focus on the specific use of infinitive.

中考突破 1——作宾语和宾语补足语。

（1）Buzz 决定养一只苍蝇当宠物。Buzz decided ＿＿＿ a fly as a pet.

（2）Buzz 叫 Fly Guy 说出他的名字。Buzz asked Fly Guy ＿＿＿ his name.

T：Can you list some similar words? （Teacher asks some students to answer.）

❖ 拓展 1：动词不定式作宾语，即"动词 + to do"：Plan to do sth. 计划做某事, Choose to do sth. 选择做某事, Learn to do sth. 学习做某事, Promise to do sth. 承诺做某事。

❖ 拓展 2：动词不定式作宾语补足语，即"动词 + sb. + to do"：Advise sb. to do 建议（某人）做, Encourage sb. to do 鼓励（某人）做, Allow sb. to do 允许（某人）做, Invite sb. to do 邀请某人做。

中考突破 2——含有 to do 的特殊句型。

It was too difficult to catch a fly. /It took Buzz 2 hours to catch him. /It was important for Buzz to win the amazing pet show. /Buzz found it hard to make everyone accept Fly Guy.

❖ 归纳：too + adj. /adv. + to do… 太……而不能做…… It takes sb.（time）＋to do…花某人（时间）做…… It + be + adj.（for sb.）＋ to do…做

（某事）对（某人）来说是……find it + adj. + to do…发现做（某事）……

中考突破3——特殊用法"疑问词 + to do"。

(1) Fly Guy didn't know **where to get** something to eat.

(2) His parents were wondering **how to keep** a fly.

Buzz 不知道向谁求助。Buzz didn't know ＿＿＿＿＿＿＿＿＿＿．

中考突破4——省略 to 的不定式。

(1) Buzz let Fly Guy do some fancy flying.

(2) His parents **saw Fly Guy fly** high, high, high into the sky and dive down, down, down into the jar.

❖ 拓展3：使役动词的用法为 make sb. do, have sb. do, let sb. do。感官动词的用法为 see sb. do, watch sb. do, hear sb. do。

中考突破5——to do 表目的状语。

(1) Buzz caught a fly **to join** a pet show.

(2) Fly Guy tried his best **to win** the pet show.

She often does what she can ＿＿＿＿＿ (help) others.（教师以视频中的语篇为载体，在理解和表达的语言实践活动中融合知识学习和技能发展，培养学生的综合语言运用能力。语法学习从具体语境中来，再到具体语境中去。同时，教师引导学生对动词不定式进行拓展运用和总结归纳，提高学生的学习能力。）

Activity 5 Practice.

T：Now let's do some practice.（Students do the practice on the paper in 5 min.）（教师结合动词不定式在中考中的重要考查点和形式，进行有针对性的训练，提升学生的应试能力。）

Ⅳ. Transferring

Imagine.（Discuss in pairs and answer by using the sentences with infinitive.）

Q1：What will Buzz give fly to eat? Q2：What will Buzz take fly to do? Q3：If you were Buzz's parents, would you allow Buzz to keep the fly as a pet? Why? ——I'll allow Buzz to keep the fly as a pet. Because…

Summary.（教师鼓励学生联系现实生活，充分发挥想象，运用所学动词不定式表达对故事的预测及个人观点。）

Ⅴ. Homework

❖ 必做：①学生早读大声朗读英语绘本3遍，并圈出动词不定式及标注其所充当的句子成分。②《高分突破》提分巧练第1~8和第9小题，分

层优练第 1～10 小题，并在空隙处标注动词不定式充当的句子成分。

❖ 选做：选择一个生活情境，编写一段含有动词不定式的对话。

For example. （教师基于不同的生情设计必做和选做作业，尊重学生的个体差异，提高作业布置的有效性。）

Ⅵ. Self-assessment

教师实施课时评价（见表2），引导学生自我反思，使学生获得成就感，也促进教师课后的反思和成长。

表2　Self-assessment

Content	Yes	No	Not Sure
能理解动词不定式的概念、构成和基本用法			
能判断出动词不定式在句子中所作的成分			
能运用思维导图梳理本课时动词不定式的基本用法			
能完成课堂上的动词不定式的练习	正确的题号：	错误的题号：	不懂的题号：

六、教学反思

英语核心素养包括语言能力、学习能力、文化意识和思维品质。在初中英语语法教学中，我们应该基于发展和培养学生英语学科核心素养的4个主要内容，把握课程内涵，结合具体语法内容、学情分析，设计多元教学目标，践行英语学习活动观。通过本课例的实践，笔者对初中九年级语法复习课中如何培养和发展学生英语学科核心素养有了更深刻、更有意义的思考。

（1）以生为本。本课例中，笔者对初中学生的心理特点、语法学习的普遍现状、本语法专题的学生学习情况进行详细的分析，较为充分地了解学生的最近发展区，选择恰当的教学方式和方法，把握学习难度和梯度，循序渐进，让学生获得学习英语的成就感，关注学生的发展，突出以学生为主题，引导学生主动学习，践行"以人为本"的教育思想。

（2）创设情境。本课例基于英语情境教学的基本理论，引用了英语绘本 *A boy and A Fly* 中的故事，创设了生动有趣的语言学习情境，让学生在特定的语境中理解非谓语动词的概念、形式等。在语法教学中创设真实的情境，在课例迁移创新活动环节中，Q3：If you were Buzz's parents, would you allow Buzz to keep the fly as a pet? Why? ——I'll allow Buzz to keep the fly as a pet. Because…这个设问把语法知识与生活话题相结合，让学生在现实情境中感知、体验语法知识，学会正确使用语法知识。

（3）融入语篇。通过在语篇中进行英语语法教学，能够有效地夯实学生的英语基础知识，培养他们运用英语进行交际的能力。本课例引用了英语绘本的语篇开展动词不定式的语法专题教学，在语篇中创设语言学习的情境，不仅能激发学生学习的兴趣，还有助于学生在生动的语境中体验语法使用的不同的文化背景。

（4）注重归纳。本课例中，笔者将英语绘本中相关的动词不定式例句罗列在一起，要求学生仔细观察句型中出现的语法现象，并鼓励学生进行归纳和总结，从而提升学生分析、归纳和总结的能力。演绎法和归纳法是语法教学中常用的两种方法。两者在应用上并不矛盾，有时候将两者结合起来使用，会收到更好的效果。

（5）聚焦中考。本课例是笔者基于学科核心素养语法课的实践与探索，但笔者同时也对动词不定式在中考中的考查进行了研究，并在应用实践的活动中渗透中考题型，有针对性地组织学生进行训练，提升学生的应试能力。

（6）思维培养。思维需要语言和内容的支撑，学生的输出也依赖语言和内容。本课例中，笔者设计的活动契合学生思维的生长点，培育学生的思维能力。如通过思维导图的方式进行语法知识点的梳理，给学生创造了使用所学语法知识的条件和机会，进一步培养学生分析、概括、比较、思辨能力和创新能力，帮助学生建构结构化知识，促进学生英语核心素养能力和品格的培养。

（7）学习活动。语言学习的最终目标是语言运用。语法教学应该促进学生交际能力的发展（程晓堂，2013）。本课例基于英语学习活动观，以活动为依托，根据语法教学目标设计循序渐进的语言实践活动，引导学生在不同梯度的活动中进行有意义的表达和交流，从而强化学生的语言运用能力。

（8）实施评价。评价是课堂实践的中心，评价和教学是一个紧密连接的过程。当教师提问或布置学生需要完成的学习任务时，评价就在发生。本课例中，教师注重学生如何学习，给学生提供反思学习过程的机会，旨在帮助学生更好地了解作为学习者的自己。

（9）不足之处。这个班的学生两极分化情况突出，由于是借班上课，对学生情况的把握不够全面，因此在教学活动的设计上难以充分考虑学生的个性化发展。

《英语》必修第一册（人教版）Unit 1 Teenage life 单元整体教学设计

广东省河源市东源县教师发展中心　朱妙芳

一、单元整体教学设计思路

（一）单元内容分析

本单元以"青少年生活"为话题展开，在"人与自我"的主题下，探讨了中外青少年学习、课外活动、兴趣爱好、人际交往等方面的状况及面临的问题。本单元采用多模态语篇，有听力、图片、视频、电子邮件、海报、思维导图、表格、信件等，从不同角度展开主题意义的探究。通过阅读作为高一新生的 Adam 所要面临的挑战，感受其心态从迷茫、焦虑到快乐、积极应对的转变，旨在帮助学生认识初中和高中学习、生活等方面的差异，面临的挑战和应该树立的目标，引导学生积极思考并寻找解决办法。同时，巧妙地将本单元的语法项目名词性短语、形容词性短语和副词性短语融入本单元主题语境中，让学生回答与高中生活有关的问题，并将描写啦啦队面试初稿中的普通词汇改写成相应的短语，把语法学习、口语表达能力、主题意义探究融为一体。词汇、语法复习也在本单元的主题语境中进行，让学生阅读与中学生话题相关的句子和阅读一段描写失学儿童的文字并标记出三种短语，提高词汇、语法学习的应用功能。最后通过设置项目学习，让学生创建一个学生社团，加深对主题意义的探究，提升学生语言运用能力。总之，本单元围绕特定主题，将语言知识学习、语言能力发展、思维能力培养、学习能力提升和主题意义探究有效结合，最终实现核心素养目标的落地生根。

（二）重构内容，提炼单元大小观念

教师要重构内容，提炼单元的大小观念，如图 1 所示。

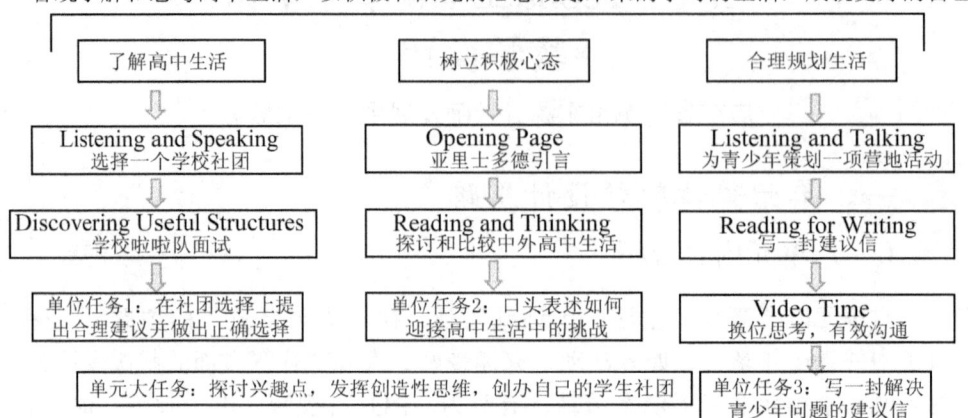

图1 重构内容，提炼单元大小观念

（三）课时安排

本单元课时安排见表1。

表1 课时安排

单元板块	语篇主题	语篇内容	语篇类型	课时安排
Listening and Speaking	Choose a school club	了解不同学校的社团，如何选择适合自己的社团	对话	第一课时
Reading and Thinking	Compare school life in different places	探讨和比较中外高中新生的生活，了解同龄人的生活状态和情感世界	记叙文	第二、第三课时
Discovering Useful Structures	Improve a draft	关于高中生活的句子；描写啦啦队面试的初稿	文本、问题	第三课时
Listening and Talking	Plan a camp for teenagers	谈论周末各自参加探险营和国际青年营的计划	图片、对话	第四课时
Reading for Writing	Write a letter of advice	青少年咨询师写给一位沉迷电脑游戏和网络的朋友的建议信	建议信	第五课时

(续表1)

单元板块	语篇主题	语篇内容	语篇类型	课时安排
Assessing Your Progress	Set up a student club	探讨校园社团的意义，发挥创造性思维，创建学生社团	视频、图片	第六课时
Video Time	The way to get on well with parents	南非约翰内斯堡的一对母女工作、学习和生活的情况及沟通的方式	文本、图式	第七课时

（四）学情分析

该班学生是河源市和平县×××班学生，属于本地优秀生源。班集体整体外向、思维活跃，学习态度认真，对英语学习的兴趣比较浓厚，合作意识较好。大部分学生英语基础较好，在听力理解时有一定的获取信息的能力，但往往因为侧重听取个别词汇而忽略听力材料的主旨大意，听力策略有待加强；学生能通过自主阅读理解文章的大意，并能在课堂上参与口头表达，呈现个人观点和态度；学生乐于并善于用英语进行表达，但是在语音、语调方面还有所欠缺。在相关知识储备方面，学生对本单元的相关话题比较熟悉，但是对外国青少年的生活和学习了解较少，而且缺乏学校社团面试的经验和知识背景。大部分学生已基本掌握名词短语、形容词短语和副词短语的概念和特征，但是在运用上不够熟练。

（五）单元目标

在本单元学习结束时，学生能了解和思考高中生活，运用恰当的语言清楚地描述高中生活的各个方面；探讨和比较中外高中的新生生活，树立乐观向上的心态，积极应对挑战；写一封解决对方实际问题的建议信，阐释清楚问题并提出解决方案；学会创办自己的学生社团，合理规划未来的学习和生活。

二、课时教学设计

（一）课时设计思路及依据说明

本课时是本单元的第三个课时，主题语境是人与自我——生活与学习主题群下的学校生活。语篇类型是文本和问题。

本节课的设计遵循"感知—发现—总结—练习—运用"的思路。活动

1 是让学生发现句子中的名词短语、形容词短语和副词短语，初步感知这三类短语的形式及功能，并进行归纳整理，属于结构感知和归纳阶段。活动 2 通过回答问题引导学生初步运用这三类短语，既让他们关注语言形式，又使其重视意义的理解，属于语言练习阶段。活动 3 是开放性任务，要求学生利用所学短语知识修改一篇草稿，在语篇中学会灵活运用这三类短语，属于语言运用阶段。活动 4 是让学生置于真实的情境中，写出参加各大学校社团面试的经历，然后利用所学语言知识修改同桌的习作，属于迁移提升阶段。

本课时的主要教学任务是让学生利用所学的短语知识修改一篇草稿，并修改一篇同学习作。

（二）文本分析

本节课设计了三个活动。第一部分发现问题，了解名词性短语、形容词性短语和副词性短语的定义，并在句子中找到它们。第二部分为一些和高中生活有关的问题。第三部分为学生描写啦啦队面试的初稿，让学生将初稿中的普通词汇改写成相应的短语。学生通过这几个练习，能够在语境中呈现、学习、应用语言表达功能，提高语言使用的得体性，实现语言的语用功能。

（三）学习目标与课时任务分析

学习目标是在本课学习结束时，学生能在讨论校园生活的语境中学习名词性短语、形容词短语和副词性短语的用法；在修改草稿和互改同学习作的活动中提高本课时语法的运用能力。

课时任务是学生利用所学短语知识修改一篇草稿，并修改一篇同学习作。

（四）教学重点、难点

重点：学生对名词性短语、形容词性短语和副词性短语的理解。
难点：学生使用名词性短语、形容词性短语和副词性短语修改习作。

（五）教学准备

教师准备：名词性短语、形容词性短语和副词性短语的相关练习。
学生准备：预习名词性短语、形容词性短语和副词性短语的用法。

三、教学过程

Activity 1（识别三大短语）：Students understands the definition of the Noun Phrase, Adjective Phrase and Adverb Phrase. Teacher asks students to read the six sentences and translate them into Chinese. Students recognize the Noun Phrase, Adjective Phrase and Adverb Phrase. Teacher asks students to work in groups and discuss what the Noun Phrase, Adjective Phrase and Adverb.（通过翻译句子、讨论三大短语，学生初步认识名词性短语、形容词性短语和副词性短语。学生能够准确翻译句子，并识别句子中的三大短语。时间为6分钟。活动层次为感知与注意。）

Activity 2（理解三大短语的用法）：Students reads the questions and understand the meaning. Students work in pairs to ask the questions and answer the questions by using the phrases given in the brackets. Students take turns to ask the questions and answer the questions with their own phrases.（通过学生互相提问，用所给短语回答问题，再用自己的短语来回答问题，让学生在和本单元话题相关的语境中加深对三大类型短语用法的理解。学生能够运用三大短语回答同伴提出的相关问题。时间为8分钟。活动层次为描述与阐释。）

Activity 3（学习使用三大类型短语）：①Read. Teacher asks students to read the draft of Joyce and understand its meaning. ②Discuss. Teacher asks students to discuss how to improve the draft by using noun/adjective/adverb phrases with the examples given. ③Rewrite. Teacher asks students to improve the draft by using noun/adjective/adverb phrases. Suggested answers: First, we had to dance to the music. The teacher in charge showed us how to move, and then we tried by ourselves. Second, we practised singing a cheerful song about the school basketball team. Finally, some girls had to lift their partners above their heads. The other girls jumped swiftly and cheered loudly. I think I did well, but the other girls were even better. I'm not sure if I'll make the team or not.（在学生初步了解和认识名词性短语、形容词性短语和副词性短语之后，教师设计改写句子活动。该活动有助于学生对三大类型短语的理解，同时提高学生在语境中运用语言的能力。学生能灵活运用所学的三大短语修改文稿。时间为10分钟。活动层次为分析与判断、内化与运用。）

Activity 4（互改同学习作）：Teacher asks students to write a similar article to describe their own try-out of any school club. Teacher asks students to swap their article with their deskmates and improve the draft by using noun/adjective/

adverb phrases. Teacher shares the improved draft with whole class. （在学习和练习三大短语的用法之后，学生在真实的情境中，写出参加各大学校社团面试的经历，然后利用所学语言知识修改同桌的习作。这样设计，既和之前所学课时紧密联系，又在写作实践中加深学生对三大短语用途的理解。学生能评价 Adam 的性情特征，简要谈谈 Adam 的学校生活和自己的区别，思考并大胆说出自己目前所面临的挑战。时间为 15 分钟。活动层次为迁移与提升。）

Summary：What did we learn today? Use a word to describe your performance in this lesson. （学生能够对本节课所学进行总结与反思。时间为 1 分钟。活动层次为归纳与梳理。）

Homework：Write a short passage about challenges you face and how to deal with them. （时间为 1 分钟。）

四、板书设计

Unit 1 Teenager Life
Period III Discovering Useful Structures

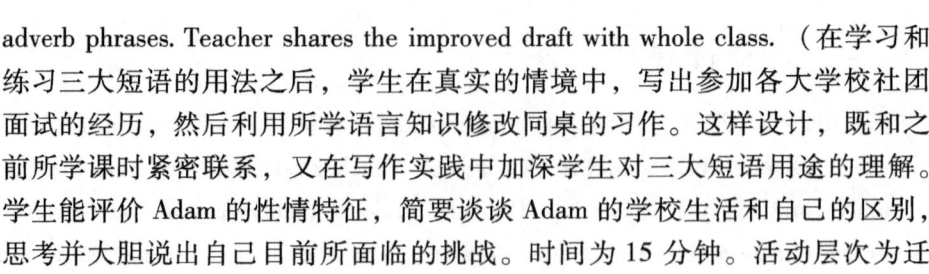

五、教学反思

教师要基于大观念进行单元整体设计，通过深度剖析并整合单元内容，提炼课时小主题、提取单元大观念。在制定课时目标的基础上，教师提炼单元整体目标，基于主题意义进行单元整体教学设计，这是实现深度学习及落实立德树人任务的重要举措。

教师要重视"教—学—评"的一体化。通过评价任务，学生可以发现

和分析课堂学习中的具体问题，从而达到"以评促学"的目的；同样，教师通过学生自评表的反馈结果，发现其课堂授课存在的问题，从而优化其教学方式，达到"以评促教"的效果。

本次教学设计的不足之处，是由于时间关系，在互改同学习作环节，进行展示的学生人数不多；同时，在有限时间内深入探究文本主题意义对不少成绩处于中下层学生是不小的挑战。

第三编 茶话名著

读《什么是教育》之所得

广东华侨中学　李晓燕

我收到书籍时，正值毕业班和多重事务叠加，但每每打开这本书，都是开卷有益。我尚未读完，便笃定会再次拜读，甚至多次，因为浓缩便是精华，需要多次咀嚼，才能做到作者所提倡的"学习——并非纯粹的获取知识，而是内化于心的学习，才是通往真理之途"。每次的阅读都是和作者的思维碰撞和对话，让我不断反思自我的教育观、教育现状，以至寻找什么是真正的教育。

一、教育是整体精神成长的过程

"教育是整体精神成长的过程"，这既是作者的观点，也折射出当前教育的危机。在 21 世纪人才竞技的时代，过度的专业精细化，让教育忽视了对整体精神的培养。"没完没了的讲座和练习阻塞了学生自由探索的精神道路，结果是，专业与知识不成系统，教师只是传授考试技巧"，"使学生失去了反思能力，承受孤独的能力，以及针对一个问题反复思索的习惯"。作者认为，要达成整体精神成长，一个人从孩提时代就要开始学习吸收传统内涵。而对学校而言，其目的是"将历史上人类精神内涵转化为当下生机勃勃的精神，以此引导学生掌握必要的知识和技能"。作者认为，教育的实质在于整体精神的成长，该目标是否达成可从年轻一代窥见。若目标达成，年轻一代便会表现得尊重、服从和信任他人，并不会凭借年轻而自以为是。作者指出教育的实质，更提供了达成目标的路径，还提及老师们的义务便是"传承中的世界赋予秩序和形式，使之能引起学生的兴趣，充实他们的精神，塑造他们的人格"。因此，作为老师的我们，应该从历史观看待教育，切忌急功近利，对整体的精神这种重要的教学要务，要扎根于心。只有让学生知道自己从哪里来、现在在哪儿，才能更好地将他们引领到正确的方向，而这一路的追寻，学生的精神是饱满的。

一切的改变始于教师观念的改变，润物细无声地将之落实于教育实践中，才能让教育实质开花结果。

二、教育是从课堂开始发生变化

"资质平庸者只配得上单纯的训练而无法享受智性生活？还是说，仍然可能赋予他们某种自由，即为他们提供足以激发智性火花的内容，而不只是纯粹地增加课程的强度？"我们应该再次审视自己的教学方式。作为专业的教育工作者，教师只有领悟了整体精神，才能对资质平庸者给予更多的宽容和耐心，方法上也不再单一。否则，这种日复一日的操作，看似无害，却会产生更加深远的伤害。最终，可能像作者所言，如果教育实质这一可能性无法实现，那么教育迟早会在世界范围内导致诸种形式的极权主义。教育实质的改变要从课堂开始，课堂的改变在于教师。"一切动力、勇气与喜悦都来源于教师人格中的引导力量"，"美妙的课堂与良好的教学法将在孩子心中播种下伴随其终身成长的种子"。

三、教育要培育敬畏之心

"没有虔敬之心，教育就不可能发生，其结果在最好的情形下也只是学生卖力的学习。"当前教育中，存在着一些杂音，年轻的一代似乎失去了人们期待的本该拥有的一些品质。在教育的前进道路上，离不开整体精神成长的渗透和教师课堂个人魅力的发挥，让学生明白一个人必须延循严格的培养，十年树木百年树人，历经数十年的成长，才能真正成人，才能实现强国有我。

四、教育服务于精神内涵

"教育的过程是让受教育者在实践中自我操练、自我练习和成长。这种实践的特征是游戏和探索。"作为一个教育工作者，我们必须有自己的精神引领和理解，才能在日常的教学实践活动中不断践行和实施，才不会在纷杂的教学实践中迷失方向和自我。而这种精神内涵的来源，应该是教育工作者在实践和思考中不断形成的个人特点。从教的时间越长，我越觉得只有丰富自我精神内涵，才能在教育坦途中走得更远。而第二句话，我认为它是对上一句话的补充，告诉我们开展教育服务的实施路径，特别是游戏和探索。结合当下的课堂改革，实质上是不谋而合的。学科核心素养，需要以课堂为主阵地，通过一系列的课堂活动，涵盖课堂游戏，让学生形成自主探索，成为课堂主角，避免满堂灌的课堂模式。所以，我们的教育贤者早已告诉我们什么是教育。教育便是在精神内涵的引领下，为教育者开展一系列的具有精神内涵特质的活动，可以是探索和游戏，从而帮助他们实现自我成长。

书籍阅读还在继续，我想，它一定会不断丰富我对教育是什么的理解。

读《什么是教育》有感

广东省河源市东源县实验中学 谢丽华

《什么是教育》确实是一本很有哲理的书，而我很庆幸在谢燕玫老师工作室网络研修的推荐下阅读了此书。虽然书名是《什么是教育》，可是整本书读下来，它并没有给教育下一个准确的定义；读完这本书后，再结合自己的理解，我反而对教育有了新的认识。

教育是什么？这里并没有一个准确的定义，正所谓一千个读者就有一千个不同的定义。书中谈及"教育是人对人的主体间灵肉交流活动，包括知识内容的传授、生命内涵的领悟、意志行为的规范，并通过文化传递功能，将文化遗产交给年轻一代，使他们自由的生成，并启迪其自由天性。因此教育的原则，是通过现存世界的全部文化导向人的灵魂觉醒之本源和根基，而不是导向原初派生出来的东西和平庸的知识。真正的教育绝不容许死记硬背，也从不奢望每个人都成为有真知灼见、深谋远虑的思想家。教育的过程是让受教育者在实践中自我练习、自我学习和成长，而实践的特性是自由游戏和不断尝试"。看到这一段话时，我不由自主地联想起了自己的小时候。从小到大，究竟有多少知识是我们自愿去学习的呢？自我懂事以来，在我的脑海里留下的影像就是我们小时候总是乖乖地坐在讲台下认真地听老师讲课。老师在黑板上写什么，我们就记什么，也不知道自己懂不懂。现在回想起来，我们是在不明白学习意义的情况下去学习，很多时候是为了考试而学习。我们的灵魂没有被唤醒，我们的好奇心、学习兴趣没有被激起，想象力也没有被发挥出来。当自己成了一个教育者后，起初也是延续着以前的教学方式，后来遇到更多的教育问题并通过不断学习后，反而对什么是教育感到越来越困惑。

通过《什么是教育》这本书，我了解了全盘计划教育和灌输式教育的危害。但是，这两种教育方式却在教育者和家长们的心目中根深蒂固。在他们看来，只有孩子学得多、懂得多，才会考出高分。现在的孩子们学业负担越来越重，他们学习的知识难度也越来越大，范围也越来越广。难道这样就更有利于孩子们的成长，更有利于他们身心的发展吗？

读完这本书后，我认识到教育是人的灵魂的教育，而非知识和认识的堆集。教师应用学生感兴趣的事物来激发他们的学习热情，在注重学生精神层次提高的同时，也应当注重学生体验能力的培养。我们的教育应该重视学生的全面发展，重视全人教育。教育应该各因其材，各成其才，让每个人成为他自己。正如书上所说，教师要唤醒人的潜在的本质，逐渐认识知识，探索道德。

作为一名教师，我们要热爱自己的职业，对教育要有一颗虔敬之心，并且为之奋斗一生。

浅谈如何制订计划
——读《什么是教育》有感
广东省梅州市五华县安流中学　张娟娟

"在教育中，人们可以全面地沉思和制订计划，但更重要的是，要设定计划的界限，并认真遵守它们。"每个学生都希望自己的学习是高效的。每逢开学初，很多学生都在老师的布置下习惯性地制订学习计划。而学习计划的制订并不像我们想象得那么容易，目标太大了实现不了，目标太小了浪费时间，不利于我们提高学习效率，这样便很容易被计划所限制。所以，作为老师的我们在引导过程中就起着很重要的作用。

一、应"实事求是"

很多学生制订计划的时候都处于"三分钟热度"的状态，有时目标制订过高，措施不落实，结果无法实行，最后只能半途而废。正确的做法应该是根据自身的情况，个人的智力、学习力、体力以及家庭环境、学习条件等，确定恰当的目标。当我问道，What do you hope to do in the future? 学生们就积极回应 become a doctor, teacher, singer, cook 等。而当我问道 "How do you plan to make your dream come true?"，学生们就开始思考了。为完成目标，我们需要制订恰当的、符合实际的计划，否则就是空想罢了。

二、应"跃起一步"

"所有的计划及其实行都在人自身所给定的自由中划定了界限，也就是说，人所能达到的境界在本质上是不可计划的。"计划订得过高实现不了，订得太低又失去制订计划的意义，所以，目标一定得有高度。人的潜能是无限的，好比一串熟透的葡萄挂在天花板上，光伸手是够不着的，必须跃起一步,才能摘得到。通过自身努力得到的东西更具有鼓舞意义。

三、应"切实可行"

目标必须是实事求是的,措施必须是切实可行的。最好的办法是把总目标分成若干小目标,把实现总目标的全过程划分成若干阶段,每一步具体行动、每一项具体措施,都能实现一个小目标。这样,我们才能朝既定的目标前进。

四、应"整体平衡"

一提起学习计划,往往考虑的就只是读书。读书只是生活的一部分,其他活动都会给学习造成影响。学生在制订计划时要把这些因素考虑进去,包括吃饭、睡觉、体育锻炼、文娱活动,还要与家人、朋友、同学交流,以保持生活的整体平衡。

五、应"伸缩灵活"

计划对于个人而言,应具有伸缩性。事情的发展、环境的改变,都会给计划的实施带来困难或便利,适时地调整计划是必要的。例如,我曾上过一节公开课,是与其他学校的同课异构,初次体验了借班上课。前期准备时写教学计划,我认认真真、仔仔细细地备课磨课,就为了上好这堂课,我想着与他们拉近关系,相互加强了解。所以,我计划让他们在课前五分钟可随意问我3个问题。孩子们马上兴奋起来了,他们问了我很多问题,但课还得继续上啊,所以我就跟他们说:"给了你们3次机会,简单地了解了我,在上课的时候继续深入彼此了解哦。"这样的做法,既拉近了师生间的距离,又把学生的注意力引入了课堂。

春风书香，浓香唤思
——读《什么是教育》有感

广东省河源市东源高级中学　张丽丽

这是一个希望的季节，越过寒冬，与"你"——《什么是教育》相遇。拿起这本书，我发现每一章节的哲学意味都比较浓，值得慢慢、细细地阅读。读完这本书，我的心灵受到了很大的震撼，收获很大。

一、教育的含义

大学时期所了解到的教育含义，孔子："大学之道，在明明德，在亲民，在止于至善。"鲁迅："教育是要立人。"儿童的教育主要是理解、指导和解放。蔡元培："教育是帮助被教育的人给他能发展自己的能力，完成他的人格，于人类文化上能尽一分子的责任，不是把被教育的人造成一种特别器具。"陶行知："教育是依据生活、为了生活的'生活教育'，培养有行动能力、思考能力和创造力的人。"这本书中谈到"教育是人对人的主体间灵肉交流活动"（尤其是老一代对年轻一代），包括知识内容的传授、生命内涵的领悟、意志行为的规范，并通过文化传递功能，将文化遗产交给年轻一代，使他们自由地生成，并启迪其自由天性。因此，教育的原则，是通过现存世界的全部文化导向人的灵魂觉醒之本源和根基，而不是导向原初派生出来的东西和平庸的知识。真正的教育绝不容许死记硬背，也从不奢望每个人都成为有真知灼见、深谋远虑的思想家。这本书让我明白：人，只能自己改变自身，并以自身的改变来唤醒他人；要努力去唤醒学生的灵魂，去激发他们内在的学习动机，让他们享受学习的乐趣，让学习成为一件快乐的事。

二、教育的本质与意义

"教育是极其严肃的伟大事业,通过培养不断将新的一代带入人类优秀精神之中,让他们在完整的精神中生活、工作和交往。教育,不能没有虔敬之心,否则最多只是一种劝学的态度,对终极价值和绝对真理的虔敬是一切教育的本质。"教育正是借助个人的存在将个体带入全体之中。个人进入世界而不是固守自己的一隅之地,因此,他狭小的存在被万物注入了新的生气。如果人与一个更明朗、更充实的世界合为一体的话,人就能真正成为他自己。书中这两句话让我重新认识教育的本质与意义。教师如春天的泥土,学生如春天的嫩芽,需要我们用心、用爱去呵护他们的成长。我们应巧妙地打开学生的心灵,引导他们积极成长,向阳而长。2023年,我接了一个60多人的班,刚接手就听了很多关于这个班的"传奇"事迹,让我忐忑不安。在与他们第一次见面后,我大致介绍自己,然后认识班干部。从班干部开始了解班级大概情况,了解哪些学生需要重点关注。其中,廖同学结巴、口齿不清,喜欢挑事端,喜欢骂同学的父母,这造成他的人际关系紧张,同学们对他的意见很大。我专门为他给班里上了一节班会课,从视频《妈妈的礼物》出发,引出残疾人是折了翅膀的天使,教育孩子们尊重自己、尊重他人、互助互学。通过残奥会的运动员事迹让他了解身残志不残的精神,让班里同学体会拼搏、友爱的含义。班会课后,我找到他,和他做了个"鸡腿"协议,若他坚持一个月不惹事、不骂同学,我便请他吃鸡腿。他做到了,我请他吃了两个大大的鸡腿。在此一个月的协议时间,有幸遇到《什么是教育》,让我重新审视自己,重新了解何为教育。他的改变,让我想起书中的一句话,"当一个人与更敞亮、丰盈的世界结合时,他便能更坚定地成为自己"。

三、我与《什么是教育》

这本书从哲学与历史的角度阐释了教育的含义、教育本质、教育意义,让我了解了教育的历史演变和教育对社会的意义。书中从教育与语言、教育与文化阐释了教育对人生、社会的意义。读这本书,就好像参与了"教育"从儿童—少年—青年的成长时期,让我深入了解教育的传承植根于民族文化的灵魂,教育是人类智慧结晶的传承与传播方式之一。这本书是我的精神食粮,让我在教学和班级管理工作中获得了一些思想上的指引和唤醒。这本书乘着春风来散发它的浓郁。感谢谢燕玫老师,让我在春风里,感受书香!

且学且思,与爱同行
——读《什么是教育》有感

广东省梅州市丰顺县东留中学 陈跃芝

在春暖花开的季节,我有幸成了广东省谢燕玫名教师工作室的网络成员,才得以有缘与《什么是教育》这本书相"遇"。《什么是教育》一书是德国卡尔·雅斯贝尔斯的著作。虽然这本书看起来只有十九章,可是里面很多内容却不是我读一遍就可以理解的。很多内容我都是读了又读之后才能理解,所以直到写这篇读书心得的时候,我也才看完第七章,提起来真的很惭愧。

初读《什么是教育》第一章时,我的感触很大。书中提到"作为教育者,漠视学生的处境和心灵,自视优越、有权力,不与学生平等相处,更不向学生敞开心扉,这样的教育者所制定的计划必定是以自我为中心的。教育若没有爱的滋养,教育必定是在机械、苍白、了无生气的活动中完成的"。看到这里,我不禁想起这20多年的教学生涯中我与学生相处的点点滴滴。刚开始教书的时候,我就把自己当作学生的大姐姐,不仅帮助学生解决学习上的问题,也关心学生的生活;结婚生小孩后,我就把学生看作自己的孩子,同样是无微不至地关心着学生的学习和生活。不管是以前还是现在,我跟学生的关系都像朋友。学生遇到学习或生活上的问题、困难都愿意跟我说,我也会尽心尽力地帮助学生解决问题。20多年如一日,我在学生的心中也一直像大姐姐一样,所以我布置的任务,学生们也都能认真去完成,我讲的道理他们都能听进去,学生都是在轻松、自如、有爱的课堂活动中学习知识,学习做人的道理。因为我把自己跟学生放在平等的位置,以开放的态度和谦和的目光看待学生,带着爱去教育学生。这20多年来,我的教学成绩在县里都是名列前茅,我的班主任工作都能得到学校、家长、学生的赞赏。

《什么是教育》第六章和第七章讲道:"教育往往取决于特定的社会结构形式,教育发生变革之际,也就是教育发生转型之时,教育随着教育理念而转变,只有平等的教育才能为人们创造一个共同的基础。而教育革新的先决条件是提升教育与大、中、小学教师的地位,通过教师的行为内涵,通过教育与伟大事物的关联,以及教师在民众之中严肃的生活,来为教育赢得声望和影响力。"读到这些时,我不由得想到我所处的教育环境的转变。1999年毕业时,我的工资是400多元,后来慢慢有所提高,但是到2012年的时候,我的工资也才1000多元,可想而知,我们的教书之路有多么的艰难。例如,看到学生不好好读书,跟学生做思想工作,甚至跟学生的家长联系让家长帮忙督促学生努力学习的时候,有些学生会直接反问道:"老师,你读那么多书,你一个月才赚那么点钱,而我的亲戚没有读书不是也赚得比你多?所以,读书有用吗?"因为当时老师的工资待遇低,很多学生、家长都看不起老师,对老师没有敬畏之心,就更别谈对教育了。对教育没有敬畏之心,那就是失败的教育。而教育决定着未来的人类的存在,教育的衰落就意味着人类的衰落。2013年后,随着国家对农村教育的重视,我们的工资也有了大幅的提高,大部分老师也有能力买房、买车(在2013年之前,这些我都是不敢想的)。这时,学生和家长对老师的态度又不同了,学生和家长也慢慢明白了教育的重要性,对学校的工作家长也比较配合了,大部分学生也比较认真学习了,教育的风气也逐渐变好。不管我的工资是多少,我都一直跟学生灌输学习的重要性、接受教育的重要性,也因为学生都比较信服我,我也一直能感受到教书人的快乐。我的大多数学生都能认真学习,很多学生因为受到良好的教育走出了自己的小山村,成了各个岗位的有用之才。

　　只有教育,才能点燃梦想;因为谢老师,让我有缘遇见《什么是教育》;因为《什么是教育》,让我明白教育的真正革新:唯有人的回归才能实现真正的教育革新。

虔敬之心，奔赴山海
——读《什么是教育》有感

广东省汕头市潮阳区东内学校　张爱妙

初读《什么是教育》这本书时，我对"什么是教育"这个概念的认识还很浅薄；在我再次深读这本书之后，我才明白，爱是教育的根本力量。书中谈到的，柏拉图眼中的苏格拉底，是真正的苏格拉底。我懂得了爱的三个维度，即升华、实现潜能与成为自我，这三者是紧密相连而不可分割的。我一直坚信真正的教育是既丰富又有内涵的爱的教育，作为教师，尤其是班主任，我更致力于以不同的形式去探索什么是教育。做一个懂得"什么是教育"的教师，首先应在不同的人生阶段对自己有清晰的规划，自觉建造高品质的精神生活，因为只有自我精神生活的丰富，才能引领学生将精神的触角不断向更高、更远的精神世界延伸。再者，一个真正懂得"爱的维度"的教师，善于倾听学生的心声，能从多个维度去评价学生，勇于自省，敢于担当，也乐于追求，能开拓教育的大境界，引导学生活出生命的独特与精彩。这就是书中传递的教育力量。它影响了千千万万的教师，是这个时代下教育不可或缺的正能量，也是对"教师是人类灵魂的工程师"最好的诠释，更是教育者对自我生命、对整个社会的担当。

我在读第十章"作为教育之源泉的真正权威"时获得的启示——唯有以积极的态度生活的人才能在世界上保持真诚。教师只有具有健康的心理和思维模式，才能培养出有理想信念的学生。每一个走出校园的学生，从此拥有一种内在的可贵品质，这是一种受益终生的教育，即使遇到挫折甚至遭遇灾难，也不轻言放弃，他们都能以积极阳光的心态去应对困难。书中谈及教育的使命和民族的未来，一个民族的未来，取决于家庭教育、学校教育和自我教育。每一个人都不是孤岛，每一个民族的命运都与其他民族的命运相互交织。

"没有虔敬之心,教育就不可能发生,其结果在最好的情形下也只是使学生卖力地学习。虔敬之心是一切教育的实质。若没有对绝对事物的热情,人就无法生存,一切也都将失去意义。"这一段话来自第六章"教育的实质"。同在一片蓝天下,只有教师们带着一颗虔敬之心奔赴教育,整个校园才会变得更加和谐和融洽。教育的温度来自教师给予学生的温暖,而这份温暖,主要体现在对学生的理解、尊重上,也可以是指引、良好的示范,还可以是善意的批评和激励的评价。教师的温暖也体现在以自己精彩的人生阅历和深刻的生命感悟唤起学生对成长的渴望和对未来乐观的向往。因此,教师要具有浓烈的生命教育情怀,始终要关注的主题就是学生的生命素养。

书中第七章"教育的意义与任务"中的一句话:"当一个人与更敞亮、更丰盈的世界结合时,他便能更坚定地成为自己。"这句话深深地烙印在我心里。是的,人们如果被迫只顾眼前的目标,就会失去观望生命整体的空间。鲁迅先生说,"无穷的远方,无数的人们,都和我有关"。比如在抗疫战争中,医护人员是最美逆行者,他们毅然选择"逆行",冒着生命危险,以大无畏的精神生动诠释了"用生命守护生命"的崇高境界;快递小哥、基层工作者等平凡人,毅然成了"生命摆渡人"。也许,并不是所有的人都有做英雄的机会,但所有人都应该且必须做一个负责任、有担当的人。因为人生有涯,而知无涯。教育的本真就是积极引导学生树立生命的志向,让志向成为他们人生中的一团永不熄灭的生命之火;培养学生身处逆境却依然坚忍不拔的意志,培养学生积极向上的进取精神和乐观态度。

《什么是教育》这本书,是作为教育者的我必修的一门功课。我不知能抵达教育多远的地方,但我将一如既往地热爱,坚定信念,心之所向,奔赴山海!

一个标题后面藏着的问题
——读《什么是教育》有感

广东省河源市东源县教师发展中心　朱妙芳

我记得，女儿在三四岁的时候，经常问我："妈妈，什么是人？"我当时让她与我面对面站着，观察我，然后指着各个器官告诉她，人是长这个样子的。她现在9岁了，已不再问这个问题了。我才突然意识到，原来女儿当时问的这个问题如此与众不同。

什么是教育？这也是一个经常萦绕在我脑海的问题，但我始终没法给自己一个明确的答案。我轻轻地捧起卡尔·雅斯贝尔斯的《什么是教育》这本书，怀着最美好的期望试图在书中寻找答案。

书的第一章"教育作为必不可少的基本条件"，这个标题我默读了七八遍，总觉得是不完整的。等阅读完第一章节，我发现，或许这个标题后面还隐藏着一个问题：教育作为必不可少的基本条件，它应该是一种什么样的关系？而答案就在这薄薄的几页纸上。作者在书中提到，教育有三种方式：第一种是类似动物的训练，第二种是教育和规训，第三种是存在之交流。反观我们当前的教育，似乎第二种教育方式已是常态，而第三种则正是人们所追求的理想教育方式。那这跟"关系"有什么关系呢？

第二种教育和规训的关系，是人在相对开放但保持一定距离的交流中完成一种有规划、有教养的活动。而这种活动本质上是一种控制与被控制的关系。不妨试着想象一下，一个教师拿着细长的教鞭，面对着一群面容稚嫩、眼神透彻的孩子，为了让他们能够安静地听完他的授课，教师来回在教室走动，并不停耍弄着手上那根鞭子。此时，教室里的活动是一种教育行为，而教师与学生之间的关系是控制关系，教师无形中把自己的意志强加于学生。在这个过程中，教室的氛围是紧张的、凝重的，师生之间的交流也是匮乏的

和空洞的。

作者在书中郑重强调，控制不是创造，无法产出任何事物；也不是爱，体现在人与人心灵之间无交流。如果学生长时间在这样一种关系营造的氛围中成长，又会是怎样的结果呢？

对我触动最深的，是本章节的最后一句话：人与人之间的控制是一个严峻的问题。此番话让我不禁联想到班主任对学生的控制欲望、教师对课堂的控制欲望、父母对孩子的控制欲望、老板对员工的控制欲望……

欲望，是人的需求，人的本质，是与生俱来的。站在教育的立场上，作为一名教育工作者，或许我们更应该思考如何与自己的欲望相处。

带着这个问题，怀着强烈的求知欲望，我离开了温暖的被窝，站在书架前。我翻开了《庄子》一书，里面提道："其耆欲深者，其天机浅。"意思是说，如果一个人的欲望过多，就会缺少智慧与灵性。欲望，是人想达到某种目的的要求，是人类生存、生产和延续伴生的理念活动。而德国的叔本华则告诉我们：欲望过于剧烈和强烈，就不再仅仅是对自己存在的肯定，相反会进而否定或取消别人的生存。

可见，正当合理的欲望，可以不断激发人的潜能，引领人拼搏进取，在满足自己需求的同时，为他人和社会做出贡献。但如果放纵欲望，让欲望膨胀成为奢欲，以致欲壑难填，就会谋不义之财、为非礼之事，最终导致自我灭亡。

欲望虽无善恶之分，却有非分和合理之别。能认识到这些并不难，难在如何去管理欲望，将它控制在合理的范围内。

也许这也是教育带领我们思考和解决的问题。

谈谈"教育的基本类型"
——读《什么是教育》有感

广东省珠海市金鼎中学　张国辉[①]

收到书的那一刻,我捏了捏这本书,小小的,薄薄的,心中估摸着两三天能读完。但由于开学忙,抑或是我心不静、心不诚,惰性使然,并没有启书而读。前两天,突想起读后感的任务,于是摊开此书于案头,试图畅快地读起来。书的第一页就让我卡壳了。细看这一页下面的注释,我陡然发现:原来此书是雅斯贝尔斯很多作品的精华汇总。难怪每一个词句都是那么意蕴深厚而丰富,又那么晦涩难懂。很多时候,我必须暂停阅读,闭目,烧脑地思考一下,才能大概地猜度一下意思。当然,还有很多我经过一番思维挣扎,依然不明所以的地方。

于是,我不敢再期许自己两三天"一气呵成"地速读全书。我告诫自己,必须用10天以上的时间慢慢咀嚼此书。虽说"咀嚼",但我深知囿于个人水平,可能还是会犯"走马观花""囫囵吞枣"的弊病。所以,下面我关于书中"教育的基本类型"的个人想法,可能有些浅陋,甚至错误,还请读者多多包涵。

很多时候,我们听专家、教授讲有关教育的类型时,多多少少会听到过这三种教育类型:经院式教育、师徒式教育、苏格拉底式教育。

很明显,作者认为三种教育是三种类型,这说明它们之间有清晰的界限和区别。例如,"经院式教育"强调"传递""知识已被固化";"师徒式教

[①] 珠海市金鼎中学班主任,曾获区优秀班主任、先进教师称号,40多篇论文在国家、省、市、区论文评选中获奖,在《班主任之友》《班主任》《新班主任》《德育报》《教师报》《教书育人》发表文章40多篇,2019年、2020年、2021年被《班主任之友》评为年度优秀作者,所带班级4次被评为区"诚信班级",多个班会课课例在市、区评比中获奖,曾获市班主任技能大赛二等奖、区班主任技能大赛一等奖。

育"主张"学生对教师的敬爱带有服从的色彩""教师的人格权威具有神奇的力量";"苏格拉底式教育"却认为"师生处于同等地位""双方追求自由的思考""没有固定的教学方式,只有无尽的追问与绝对真理的无知"。很明显,作者的倾向性是显而易见的——推崇苏格拉底式教育。

  但是,我斗胆觉得,这三种形式的教育很难绝对地分出优劣,而应该把其认定为我们接受教育过程中的三个阶段、三级台阶。

  经院式教育更多地注重书本上的知识。想想我们刚开始接受教育的时候,我们上幼儿园时,父母是我们的"重要他人"。父母给我们读的一些绘本,给我们讲的一些道理,都是前人的优秀经验总结,没必要质疑。这些都是比较"固化的知识"。这是我们以后参与"师徒式教育""苏格拉底式教育"的固本教育、基础教育。所以,此时此刻,我们应该开怀地接纳更多"不可变更""不容置疑"的知识,这样我们才能有知识的广度和厚度,为以后"知识有深度"奠基。所以,我们不是反复强调,孩子小时候应多背诵一些古诗文吗?不管他们懂不懂,更不用说他们质疑与否。

  师徒式教育可以理解为经院式教育的上一级台阶,也应该有其存在的价值,而不应该予以否定。当我们的孩子进入小学,教师就是他们的"天"。他们动不动就和别人说"我们老师说的""我们老师要求我们不要这样"等。我们不是也常说"没有规矩不成方圆"吗?所以,我觉得这个时期,我们就应该推崇"师徒式教育",毕竟只有"入格的""规范的""带有师傅个人色彩的"教育稳定一段时间之后,学生才有一定的"好习惯",这为以后"出格的""苏格拉底式教育"做好了充足的准备。就像学生写作文,如果教师不教学生有哪些格式,学生不能先"入格",学生的作文哪能有创新的"出格"呢?所以,我反对那种一开始就主张"没有固定教育学方式"的完全自由式的教育。那看似美好,其实是教师教育的失职和放任自流,对学生的戕害不可谓不大。

  苏格拉底式教育应该是我们经过前面两种形式教育之后的攀登目标。这个过程永远在路上,无休无止。因为这种教育是一种很开放的姿态,预示着有很多可能的形式。只要我们敢想、敢干,就没有什么不可以,没有什么不可能。苏格拉底式教育应该是教育的高级阶段,而不是教育的最佳类型。

  教育应该首先让孩子"读经"(经院式教育),再在师傅领进门后,沿着师傅的路径修行(师徒式教育),最后走出师傅的门楣,自由地驰骋,肆意地翱翔,与一切的人或一切的物互动、交流、对话(苏格拉底式教育)。所以,适合学生一定时期身心发展特点的教育就是"最佳的教育"。

  以上,是"我认为",仅是"我认为"。

走进学生内心，引领学生成长
——读《什么是教育》有感
广东省阳江市阳西县奋兴中学　陈玉婷

写作念头由来已久，真正动笔却是任务驱动。广东省名师工作室主持人谢燕玫老师在其教育文集后记里道出了许多处于成长期的中青年教师的心声。自加入工作室以来，我深刻体会到谢老师的躬先表率和良苦用心。作为一名全国优秀教师及广东省"百千万人才培养对象"，谢燕玫老师在工作

中也是身兼数职，但对我们全体学员的思想引领和专业成长，一直都是那么地严格要求且不遗余力。在工作室良好的环境熏陶和谢老师及优秀小伙伴们的带领下，我们的阅读、学习及提升活动一直如火如荼，让我们收获满满！

德国著名哲学家卡尔·雅斯贝尔斯所著的《什么是教育》是本学期工作室推荐的阅读书目之一，主要从存在主义哲学基础出发，结合当代德国教育现状，从教育的本质、教育的目的和意义等方面进行陈述和反思。本书凝聚了作者毕生的教育思想和精华，为我们进一步理解教育问题展现了开阔的视野，也让从事了多年教育工作的我对教育的本质有了新的认识和思考。

雅思贝尔斯认为，教育是人的灵魂的教育，而非理智知识和认识的堆集。教师要唤醒学生的潜在本质，使他在认识世界的同时认识自我，在学习知识的同时探索道德。而教育活动的意义则在于最大限度地调动人的潜力并加以实现以及引领人的内部灵性与可能性充分生成。因此，作为教师，我们在教学活动中更应该关注的是如何调动并实现学生的潜能，满足其精神成长需求，促进其灵魂的提升。

作为一名长期担任班主任的老教师，我对此深有体会。至今，我还记得学生小健，他是2017年转学过来的一名插班生，也是一名典型的留守儿童。他自幼父母离异，父亲一年才难得回来一两次，家里就只靠着年迈的奶奶照

顾他的日常生活。由于长期缺乏家庭温暖，青春期的小健特别内向，他几乎从不参加班里的集体活动，偶尔只会在课堂上发出一些不和谐的声音刷刷存在感。我通过家访、走访社区等方式了解情况后，制订了详细的教育方案。我多次与小健"偶遇"、聊天、散步，有时还会邀上几个班干部到他家里做客、和他一起爬山、打球……了解到小健特别喜欢听音乐和写网络小说后，我和同学们一起鼓励小健为班里编写班歌、记录班级日志等。小健逐渐敞开心扉，找回自信并大胆展示自己的才华。看着他用心指导同学们学唱班歌时的那股专注劲，我是班里笑得最甜的！

　　苏格拉底式教育主张多关注学生的生命价值和尊严，给予学生爱与自由的教育环境。一个学生的本来面目，只有在爱他的老师眼中才会显示出来，足可见爱作为教育的根本力量，是一切以鼓励和唤醒为前提的教育活动的基础。教育作为师生主体间自由交往的过程，并没有权威和中心存在，体现的是师生之间的平等关系。只有师生互相帮助，互相促进，同学习，共成长，才能让爱在教育中发挥最大作用，我们才能真正走进学生内心，引领学生成长！

第四编

茶话成长

英声茂实 文以化人
——"茶话英语 融通教育"课题实践研究

见贤思齐，砥砺前行

广东省阳江市阳东区红丰镇塘围初级中学　陈俏灵

一、感恩遇见，一切刚刚好

认识谢老师是在2018年，一直梦想能加入谢老师的团队。2021年，机会终于来了，我加入了广东省名教师谢燕玫工作室。谢老师多次为我们搭建学习平台，每次都有各领域的名师、专家为我们传经送宝。这次暑假，谢老师鼓励我参加华师的研修。吴慧坚为我们做的第一场讲座我至今还记忆犹新。她讲的是英语中的语言美。她的讲座改变了我对英语表达单调的看法，从此，我也学着去欣赏英语的语言美。工作室成员的学习、工作态度也起了很好的模范作用。在恰当的时间，遇见优秀的你们，刚刚好，感恩遇见！

二、博采众长，努力提高教学水平

在大家的影响下，我立志做一个学习型、研究型的教育者。在工作室举办的每一次研修活动中，我都认真聆听，认真做笔记，写心得反思。每一次的学习，我都结合我的教学实际进行实践。在教学中，我注重把理论与实际相结合，注重培养学生的核心素养，促进学生全面发展。我任教的班级在2021年、2022年中考中，英语成绩都名列前茅，其中，学生周丽芝、周礼盛分别排全校第一、第二名。

三、潜心耕耘，一路收获醉人芬芳

激情与汗水创造出无比辉煌的成绩，勤奋与智慧见证一路醉人的芬芳。一路走来，虽然忙碌，但内心充实；虽然辛苦，但精神满足；虽然疲惫，但身心快乐。在谢老师、校领导、学生、家长的关心和支持下，我取得了点滴成绩，收获了醉人的芬芳。

我在学校2021年国庆节"请党放心，强国有我"系列活动中荣获优秀组织奖（2021年10月12日）；我的论文《提升初中学生英语阅读素养的路径初探》在阳东区教育教学论文评审中获一等奖（2021年7月），论文《农村留守儿童的现状和教育策略》在阳东区教育教学论文评审中获三等奖（2021年7月），论文《提高初中英语课堂教学效率的有效途径研究》在广东省教育学会教育教学论文评比中获二等奖（2021年11月）；在工作室举办的送教下乡活动中，我于2021年11月11日在阳西县奋兴中学执教了题为 Unit 5 What are the shirts made of? 的公开课,于 2021 年 11 月 13 日在阳江市第二中学进行了题为"例谈避免英语论文写作的误区"的讲座分享;2022 年 6 月,我申报了一个题为"提高初中学生英语阅读素养的路径研究"的省级课题;2022 年,我被遴选为阳东区骨干教师。

"教育是一种诗意的修行,是用生命影响生命、用生命温暖生命的过程。"我始终坚信这一点。未来的路还很长,我努力做一名温暖的修行者,怀揣着对教育浓浓的情怀,见贤思齐,砥砺前行。

一路芬芳，伴我成长

广东省阳江市阳西县奋兴中学　陈玉婷

　　受启蒙老师的影响，我自小热爱教师这一职业，尤其对优雅、善学、传播语言美的英语教师情有独钟，由衷向往。有幸成了广东省谢燕玫名师工作室的一名入室学员，这是我教学生涯中一个最重要的转折点，也是我个人专业发展道路上最难得的一次成长机遇。工作室主持人谢燕玫老师温婉善良、可亲可敬且极具教育情怀，她有着多年工作室主持人经验，无时无刻不牵挂着每一位学员的专业成长。工作室的小伙伴们都是来自珠海、河源、梅州、阳江等地的业界精英，他们都是我学习的好榜样。工作室秉承"俯首甘为学员人梯，倾心共育天下桃李"的理念，开展的每一项活动都承载着引领学员专业发展和成长的重要使命，我们的点滴进步都离不开团队和专家们的指引和帮扶。

　　印象最深的是谢燕玫名师工作室和杨荣名师工作室在珠海进行的联合跟岗研修活动。在短短的几天时间里，我们走访了珠海香洲、斗门、金湾各区8所名校，深入课堂，研讨交流，收获满满。活动期间名师荟萃，熊焰、刘良华、孙新、高春梅、杨荣、邓媛媛、谢燕玫、李冬梅等著名的专家教授及长期坚守教学一线的校长名师们都不遗余力，倾囊相授。全体学员热情高涨，谦虚好学，留下了许多感动、温馨的美好瞬间。

　　同时，我们的线上研修也是精彩纷呈，干货十足。学习内容包括课题研究、备战中考、高效课堂、班级管理、家庭教育及教师专业成长等，非常实用且渗透性强，均衡照顾到教师的学习、工作及生活需要。作为一名工作多年的老教师，我常常苦恼于个人的专业发展起步太晚，也曾因自己的专业知识不够而产生迷惘和困惑。"百万名师培养项目导师"孙新校长对教师专业精神的精准解读让我产生了共鸣。专业精神是教师专业发展之魂，是支撑教师专业发展的基石和可持续发展的最大动力。我们应该着力培养自己的专业精神，用心规划好个人的专业发展，更重要的是培养终身学习的意识和能力，加强自身反思，努力跟随名师步伐，脚踏实地，茁壮成长。吴慧坚教授的专题讲座"跨文化意识与英语教学"也让我记忆犹新，在进一步完善论文时也因此有了更加明确的修改方向。吴教授勉励我们要广读中英文书籍，培养多元文化能力，要坚持中国立场，用世界眼光、用英语讲好中国故事。这也恰恰是我们每一位英语教师必须肩负的教育使命！

时光匆匆，岁月如流，转眼间我加入工作室已一年有余，回顾这一年来的成长历程，依然心存感激，感恩满怀。衷心感谢工作室为我们搭建平台，悉心栽培；感恩各位导师为我们指点迷津，示范引领；感激小伙伴们携手同行，一路芬芳，伴我成长！

不断挑战,一路成长

广东省珠海市湾仔中学　顾奕文

可以说,我是非常荣幸的,能在谢老师上一届工作室结束之后继续跟着谢老师在新一轮名师工作室里继续学习,从原先一名小助理到现在的正式成员,无不感谢谢老师为我提供的帮助和指导。上一届作为小助理,我更多地从事幕后精耕细作的工作,我学会了整理数据材料、搜集文述综献、制作公众号推文、上好每一届公开课等。但是,这一届最大的区别就是慢慢从幕后整理走向台前展示,对我来说是一个很大的挑战。

我想从两方面来说说我加入工作室以来的成长,一方面是教研活动,另一方面是课题研究。

身为一名人民教师,我的受众最开始是学生,我的责任是传道授业解惑。但是,教而有研,研而有得。我的受众也许就不再只有学生了,我可能会为年轻教师传递经验,为教学同行分享新知。虽然都是作为讲者,但是对我提出的要求更高了。我分享的东西不单有教科书的内容,还要有教授内容的方法与技巧。这就需要我平时更多地去阅览与提炼。我还记得这一届工作室开班的第一次教研活动,谢老师让我挑起主持教研活动的重担,一开始"社恐"的心理让我有了些许抗拒,但是谢老师给了我很大的勇气。活动前期,我们敲定流程,排演串讲整场活动,一遍遍修改主持稿件。当天整场活动一共持续了接近3个小时,虽然在这3个小时的时间里,我既紧张又忙碌,但累并快乐着。

有了第一次尝试,我开始在教研路上一路奔跑。谢老师在接下来的教研活动中,只要有机会都让我尝试做讲座,多总结、多分享,加强对自己的历练。所以才有了后面的"初中英语分级阅读教学实践研究"的讲座,又有了"微课个性化,知识轻量化"的微课制作与技巧的讲座。每一次与同行的教学分享都会给我带来意想不到的惊喜和收获,十分感谢工作室平台让我找到一个展示的机会。

我的课题研究能力可以说是在工作室的培养下一点点成长起来的。当我还是一个课题"小白"的时候,谢老师主持的市课题就主动邀请我加入学习。我在这个过程中,不单学习了课题相关的命题和写作方法,还在谢老师的指导下,在同伴们的互助中,掌握了捕捉课题动向的方法。站在巨人的肩上,我能看到更多、更远、更新鲜的事物,所以,我也一步步尝试去摸索做课题的途径。我从市微课题入手，从成功申请市微课题到顺利完成课题，进而我又在谢老师的鼓励下再一次向市重点课题发起挑战。我相信，越努力越幸运。最后，我也再一次成功申请了市重点课题，目前正在就这个重点课题井然有序地开展一轮又一轮研究活动。相信在不久的将来，课题结束的时候，一定会有更加精彩和丰盛的研究成果呈现。

转眼间，3年的工作室学习时间已经过去一半了，我们要向谢老师学习的东西还有很多很多。我觉得在工作室的收获，就是学习了针对教学科研实在有效的技巧与方法。因此，我们想学、乐学、好学，也期待在工作室学习的后半阶段，我们能够继续开发自己的新技能。

不忘初心,保持热爱

广东省珠海市南屏中学 郭衍露

我从公开课、比赛获奖,以及听课学习这3个方面来汇报我入室的成长经历。

第一方面是公开课。入室后,我上了3次比较特别的公开课。

第一次是2021年10月21日,在广东省杨荣与谢燕玫两个名师工作室联合研修活动中上一节阅读公开课。感谢谢老师给我在两个名师工作室面前展现的机会,感谢我当时的初三备课组。

第二次特别的体验是2021年10月20日,为珠海市香洲区在线专题讲坛录制的微课Movies。虽然只有几分钟,但我觉得非常有趣。第一次站在绿布面前用英语讲课本以外的内容,教学生看电影学英文,为学生打开了思路,提供了一种好玩的学习方式。

第三次是我们区英语教研员安排的中考英语话题复习研讨课。结合举办冬奥会的热门话题,我们选择了Sports这个主题。这次课让我明白复习课一定要以学生为主体,只有学生的主动性调动起来了,才能有较为理想的复习效果。

第二方面是比赛获奖。入室以来,我在2021年10月获粤港澳大湾区初中主题式分级阅读拓展类二等奖。2021年11月,我参加珠海市香洲区"第三届中小学教师教学能力大赛"获一等奖,并获香洲区"教学能手"称号。这是我人生的高光时刻,从未想过自己能竞争过香洲区那么多优秀教师,现在回想起来还是觉得不可思议。这个比赛非常考验老师的日常积累,参照广东省赛的模式,提前3个小时拿到课题后两个人一起备课,要完成教学设计、学案、PPT制作,然后AB角抽签合作完成一节课。能取得这个成绩,我要感谢恩师谢老师。2010年,我入职不久后就加入了谢老师的香洲区名师工作室。那几年她给我提供了一个开阔的平台,让我在各种舞台上展现自己。跟着谢老师,我锻炼了胆量、积累了能量。最近一次比赛是外研社"2022年全国中小学英语分级阅读教学说课大赛",我和我的搭档云燕获全国一等奖。

第三个方面是听课学习。这方面是我需要努力提高并向工作室其他成员学习的。有时候我会因为一些个人原因错过研修活动,但谢老师还有主持人每次都很贴心地帮我录屏。希望自己今后能更加积极地参加组织的线上线下研修活动，并多动笔写心得。另外，我入室以来坚持自我提升，多阅读。大学期间我很少读英文书，刚开始工作时也少之又少，但现在尤其是加入了这个优秀的团队之后，我经常读英文原版书，这已经成了我的习惯。我现在一直保持听英语 podcast，练习朗读英语，尤其是现在学生要考口语考试，我模仿朗读的兴致更高了，练得也更勤了。老师的英语都说得不标准，怎么能教好学生的口语呢？

  作为一名英语教师，我希望通过我的教学，学生能喜欢英语，并爱上英语。我会不忘教育初心，牢记育人使命。

不忘初心,敢于挑战

广东省珠海中山大学附属中学(唐家中学)　江晓纯

我现任珠海中山大学附属中学(唐家中学)英语科科组长、高新区英语学科中心组组长。

我在教学中积极创新,努力探索如何在教学实践中培养学生的英语核心素养。自加入工作室以来,我的专业能力迅速成长。我于2021年4月在《中学生英语》上发表论文《核心素养理念下的初中英语个性化分级阅读模式探究》;2021年7月,参加高新区中学英语青年教师教学能力大赛获二等奖;2021年9月,获"粤港澳大湾区初高中英语学科综合类教学大赛(初中组)"命题设计类项目二等奖;2021年11月,承担市级公开课"Teenagers should be allowed to choose their own clothes";2022年6月8日,承担区级讲座"中考备考读写综合备考策略分享",效果良好。

在申请加入谢燕玫老师工作室的时候,我对自己提出要求,把自己当成新人,迈出舒适圈,开启新的学习篇章。因此,每一项任务,我都积极参与,虚心向谢老师、向工作室的其他优秀成员学习,学习他们的兢兢业业,学习他们的刻苦钻研,学习他们在教研路上的孜孜不倦。

2021年10月,我负责组织"走进中大附中"的研讨活动。这次活动,锻炼了我的沟通协调能力与会场主持应变能力,也让我借此机会让大家对中大附中有了更深的了解。同时,名师风范也让我感受到教学的一切可来自生活并运用于生活。如杨荣校长所说,教师应帮助学生开阔视野、学以致用,点燃与唤醒学生学习的热情,让孩子们对课堂充满期待,让学习主动发生。

2021年11月,在谢老师的指导下,我承担了一节市级研讨课,并前往斗门六乡中学进行教学分享。单元整合考验教师对教材的整体把控能力,教学设计要从整体上安排,确定单元框架,确定课时教学,以学生活动为支撑,围绕学习重点,达成单元目标,故学习活动要体现整合性和纵深性。无论是教学展示还是经验分享,都极大地锻炼了我的胆量与应变能力,让我在未来的教学路上更自信地走下去。

2021年寒假,我负责了一次研修的总结工作。从初稿到终稿,经历了10稿,谢老师与工作室的卢伟英老师一遍又一遍地帮助我仔细地推敲文字。他们严谨的工作态度和忘我的工作精神,让我深深折服。在这个过程中,我的文笔也得到了大幅提升。

2022年6月,我承担了一场区级微型讲座。在谢老师无私的指导下,我顺利地完成了"中考备考读写综合备考策略分享",备受好评。

入室以来,除了上述的几次活动,我们工作室成员坚持学习、坚持研修,各位名家大师与我们分享最新的理念与知识,为我们打开了教研的另一扇门。相信在未来的教研之路上,我们会一同砥砺前行,勇于挑战。

感恩遇见，反思前行

广东省珠海市香洲区第十六小学　李彬彬

感谢广东省谢燕玫名师工作室为我们搭建了优质的发展平台和成长家园，为我们提供了更好的发展机遇。感谢工作室主持人谢燕玫老师的引导，还有工作室成员们的陪伴和鼓励，让我们实现共同学习与探究、共同成长与前行。我基本实现了预期的目标，现将中期汇报做如下总结。

感恩谢燕玫老师为我们搭建多形式学习平台，如现场讲座、名师在线会议、网络学习分享心得等。每次都有各科名师、专家分享宝贵的经验，让我们加强了理论学习，提升了教学理念。教师教学要走向成熟，需要一定的教学理念的沉淀，唯有博学才能多艺，才能成为学生乐学的引路人。工作室经常指导我们要多读书、多写读书笔记。

参加教学研究，提升自身素养。名师引领是提升教师专业素养的渠道，能为教师开阔教育教学视野、拓展教学思维。谢燕玫老师组织我们工作室成员参加各级各类的培训及研修活动，让我们了解最新的理念和动态，更有很多名师来为我们进行线上线下的讲座。2022年暑假，我有幸跟随谢燕玫名师工作室来到贵阳参加全国名师工作室学习活动，还担任了主持人一职。这是一个很好的锻炼机会。

在进入工作室一年多的时间里，在谢老师的指导和鼓励下，我不断努力提升自己。我参与了香洲区"空中课堂"授课、香洲区在线专栏讲坛、"海岛连线授课"、香洲智慧校园等专题活动。我荣获2021年珠海"教育世家"称号，被评为"香洲区在线名师培养对象"。我获2021年香洲区"小学教师命题能力比赛"二等奖。2021年，我在香洲学习型智慧校园在线专题讲坛"生活中的英语"主讲 Culture 2；Eating 等。

这一年多的时间，我发现工作室的老师们都非常优秀和拼搏，他们都是我学习的榜样和努力的方向。我争取多读书、多总结，努力提升自己。

岁月回眸，蓄力成长

广东省珠海市九洲中学　谭倩怡

生命是一场相遇，与广东省名师工作室主持人谢燕玫老师的相遇是我人生的一大幸事。它将成为我教育生涯中的一段美好时光，直触灵魂，丰盈生命。感谢当初勇气可嘉的自己毛遂自荐，感谢笔耕不辍的谢燕玫老师的接纳，感谢一群志同道合的伙伴们的无私分享，让我能开阔眼界，见贤思齐，实现从教生涯的二次发展。

一、学习

在超过 20 场的线上教研中，我遇见了一批教育专家，他们当中有底蕴深厚的特级老师们，有德高望重的校长们，有学贯中西的各学科名师们，有脚踏实地的班主任们。每一场讲座都是一场盛宴，每一次聆听都是一次洗礼，使我乐在其中，受益无穷。真是听君一席话，胜读十年书。

华南师范大学钟罗金博士题为"课题成果提炼的方向和方法"的讲座给我送来了一场及时雨。我一直在课题研究的道路上痛并快乐地挣扎着，钟博士从核心概念、提炼方向、提炼方法及注意事项等方面深入浅出，通俗易懂又不失幽默、睿智地让我坚定了"教以共进，研以致远"的信念。钟燕青特级教师的讲座成了我的"刚需"，她就"老师为何教？为谁教？教什么？怎样教？"这 4 个问题清晰、详尽地为我们解读了新课标，为我在课堂实践上进行大单元、大观念教学提供了宝贵的参考价值。昆明丑小鸭校长詹大年的一句话让我醍醐灌顶，"社会是关系的产物，有好的关系才有好的教育，而有好的设计才会有好的关系，关系来自设计"。李桂华老师接地气的讲座让我感动满满。她温润如玉，践行着"用我们的真情，和学生一起阳光成长"，建议我们跟学生沟通时学会打出"六张牌"，如示弱感情牌、求助感情牌、呵护感情牌、赞美感情牌等。

二、收获

我入室已经一年了，全体成员奋楫争先，取得了累累硕果。我在谢老师的指导下，在优秀的伙伴的带动下，也收获了点滴成绩。我在 2021 年被评为珠海市优秀教师；获"香洲区英语学科带头人"的称号；潜心探索了一套同时具备减负、提质和育人目的英语阅读作业设计模式，成功通过"十四五"规划市级课题立项——"'双减'背景下初中英语单元主题的阅读作业设计研究";参与"十四五"规划市级课题"初中英语整本书阅读学生自主学习能力培养的实践研究";在珠海的《香洲教研》中发表了《"双减"政策下的九洲中学初一团队寒假创意作业设计》;指导李乂京老师在香洲区新岗班主任能力大赛中获一等奖的第一名;指导石贤权老师参加2021年珠海市中小学青年教师教学能力大赛获二等奖。

三、感悟

于漪老师说过:教育的力量在于教师的成长。这个成长包括专业成长和精神成长,二者密不可分。专业的成才是一个踏踏实实的过程。我怀揣着对英语教学的一往情深,在谢燕玫名师工作室,领略伙伴们熠熠生辉的大家风采,一直在学习做老师,把学习作为成长路上的必修课,用学习来内外美容,保持活力。

这一年里,我深深地领悟到精神成长源自内心的觉醒。当觉醒时,生命似乎安装了一个内在提醒装置,不断告诫自己,应该如何去做,应该怎样做得更好,这样的生命就有了方向。每当我遇到困惑时,有一股精神力量帮助我静下心来,认真地打理自己,自觉自愿地付出,不再轻易地、简单粗暴地解决问题,敷衍做事只会让事情更加复杂且难处理。密集式的学习虽然很累,但广纳新知。追求学习化的人生,让我懂得换位思考,体会到生命的成长是何其不易。推动自己,推动教育,给世界以爱,世界也回报以爱,内心是光明的,照亮着自己,也照亮着学生。这份人格魅力会给学生带来潜移默化的深远影响。

虚心学习，感悟幸福

广东省阳江市阳春实验中学　周静桦

作为一名教师，学习就是终生的事业。要做一个职业的学习者，就要有务实创新、勤勉自信的治学精神。2021年9月，我有幸加入谢燕玫名师工作室，进行为期3年的研修学习。

2022年9月的珠海跟岗研修，谢老师为我们提供了平台，让我们得以近距离与智者同行、与高人为伍、与名师对话。同年11月的阳江之行，专家激励我们反思、前进，成员们的课让人耳目一新。之后的线上研修活动，工作室正式成员和网络成员同聚一堂，听专家讲座，分享课例，碰撞思想的火花。现将自己的点滴收获，整理如下。

一、加强课堂教学研究，做一名研究型教师

我们上课要充满激情，干脆不拖沓，注意与学生心灵的沟通，用自己的热情唤醒学生的求知欲。学生的思维是多元的，互动的课堂气氛必然活跃，学生也会积极配合探讨问题，提高课堂效率。

我们要将课堂交给学生，注重学生能力的培养，充分调动学生的学习积极性和主动性，让学生成为课堂上的主人。

我们设计课例时，重视学生的学情，不一定要设计花里胡哨的课件，开始时要降低难度，由浅入深，环环相扣，步步深入，帮助学生掌握核心知识。

我们对学生要积极鼓励和表扬，使整个课堂轻松、活泼。研修之后，我在课堂上多用谢老师教导我们的3种手势与学生互动——"点赞""有请""真棒"。这不但能激励学生积极与老师互动，还可以建立平等、和谐的师生关系。

问题来源于课堂。作为教师，我们要用有价值的问题引领学生进行探究，用有价值的问题引领学生发展。这就需要我们有足够的智慧。研修是良好的契机，老师们的教学技能、教学方法和教学形式都值得我们学习借鉴。

二、脚踏实地做研究，做一名智慧型教师

我从事教育事业18年左右，感觉出现了职业倦怠症，没有更高的追求。周教授引用苏霍姆林斯基的话，"如果你想让教师的劳动能够给教师带来乐

趣，使天天上课不至于变成一种单调乏味的义务，那你就应当引导每一位教师走上从事教育科研这条幸福的道路上来"，激励我们教师不能只做一名教书匠，还要走科研道路，才能寻求真正的快乐。要想在日复一日的教学中找到快乐，教师必须走上从事教育科研这条幸福的道路。2017年阳春市课题结题后，我和我的团队便着手阳江市级课题的研究。通过课题组成员的同甘共苦、齐心协力，阳江市课题已在2019年结题。为了完成课题研究，我们认真学习有关理论知识，收集案例，查阅大量的资料，在整理资料过程中学到了很多科研方法。在参与课题研究的过程中，我的知识面得到了拓宽，自己的科研能力得到了提高。我深深体会到，从事课题研究有利于提高教学效率，提高教学能力，把自己锻造成能理论联系实践的教师。

三、反思不足

（一）只有把信息技术与课程有效整合，才能做与时俱进的教师

"粉笔加黑板"、一本教案用多年已成为我的教学习惯。我接受新观点和学习新技术的意识和能力较差。外出学习让我再次见识到，教师们熟练利用技术支持有助于有效实施课堂教学。我将加强理论学习，从观念上更新，理解整合的内涵。我将抓住机会参加培训，也希望能通过实践活动来提高自身的信息技术能力。

（二）提高自身的语言修养

一个口语流利、语言功底深厚的教师往往能带出一大批高水平的学生。教师的主导作用应表现在讲解的艺术的发挥上。要把语言的美表达出来，教师必须锻炼自身的讲解能力。让我们遵循吴慧坚教授的教诲，向优秀的语言者学习，提高驾驭语言的能力，冲破语言的隔阂，体会幸福及畅快。

作为教师，我平时应注意阅读各种有关英语教学理论的书籍，以提高个人的教学理论水平；工作上要进一步钻研英语专业知识，提高自身应用语言的能力；业余的时候要加强心理学、教育学等理论的学习，了解学生语言学习的心理过程及其发展规律，以便在教学中有的放矢地进行针对性教学。

融通教育，求真致善

广东省河源市东源县教师发展中心　朱妙芳

我从小生活在农村，和朴实善良的奶奶生活在一起。自然和谐的田园风光浸染了我整个童年时光。

我在河源市广州大学附属东江中学任职 10 年，其间从事 9 年班主任工作，6 年高中英语教学工作以及 4 年初中英语教学工作。2020 年 9 月，我调入东源县教师发展中心，负责全县中学英语教研工作。

10 年东江中学的教学经历，它不仅教会了我如何走上讲台，还培育了我坚定守住讲台、站好讲台的信念。

虽然我现在是一名教研员，但我依然坚持上公开课和示范课，牢记"教而不研则浅，研而不教则空"这一警言。谢老师也曾说教学风格的凝练是个长期的过程，所以我借此机会，带着"我的教学风格是什么？"这一问题，认真回顾我的教学经历，让同行和学生给我写评价感受。我发现大家对我的教学印象提出最多的词语有内容丰富、亲切轻松、注重互动、真实自然、形式多样、善于启发、滋润心灵等。所以，我把我的教学风格提炼为"融合、致善"——努力打造融合汇通、求真致善的自然型教学风格。

一、融合

（一）文化融入语言，以文化贯通教学

语言是文化的重要载体。文字的背后是文化，比较文化异同，汲取文化精华，逐步形成跨文化沟通与交流的意识和能力，才能让学生更好地坚定民族文化自信，适应未来社会的发展。让学生学好英语，讲好中国故事，是新时代赋予我们外语教师新的历史使命。

（二）生活融入教材，注重情境的创设

教材来源于生活。虽然教材在不断调整，但仍存在滞后性。我们教师在课堂教学中很重要的价值就体现在如何拉近学生当前的生活与教材之间的距离。创造性地利用好教材，创设真实的情境，让学生体验语言的真实性，在情境中运用所学的语言。

（三）体验融入课堂，关注生命的生长

杜威提出"教育即生长"。教育是关于人生长的学问。教师不仅仅要使教育和教学合于学生的心理发展、兴趣、需求，将他们过去的生活体验融进课堂，还要时刻关注他们课堂中生成的体验，想办法找到链接与他们沟通交流。教育最大的魅力在于生命个体之间灵魂思想的相互碰撞，融认知、情感和态度为一体。

二、致善

在学科育人层面，我认为学科育人是发展生命个体思维的过程，是探求事物的本源及客观规律的过程，是认识自我、发展自我的过程。师者，应致力于让学生保持一种求真的态度，以追求真善美为终生践行的目标。

谢老师的教学风格是"茶话英语，温色香味"。她努力打造色香味俱全、温润如茶的浑融型的教学风格。她认为，好的语言课也是师生交流的课堂。我觉得谢老师包容的性格也成就了她浑融型的教学风格。无论是在为师教学上，还是为人处世上，谢老师身上都有许多值得我去学习的地方。

秋天，象征着成熟，是收获的季节。我在这个工作室最大的收获是什么？我的答案是"融合"，在融合中收获成长。

（一）融合资源，创设平台

第一，我融合了工作室的资源，组建了我们的学科教研中心组，聘请谢老师作为我们教研中心组的学术顾问。上个学期，谢老师多次对成员的课例进行了指导。第二，融合资源，打造学科教研品牌活动。将工作室"名师荐名著"活动引进我县，组织更多的老师参与读书活动，提升专业素养。第三，融合资源，搭建分享优质资源的平台，通过各种线上线下研修活动、微信群、公众号等形式，为教师搭建学习的平台，发挥工作室的示范和引领作用。第四，融合资源，成立命题小组，这也是我们工作室跨区域共研的一种方式。

（二）融合思考，坚持写作

自参加工作以来，我坚持写作。我觉得论文写作是一个能促进自己理性思考的过程。而读书心得、教研随笔还有育儿体系等撰写则是一个让我获得成就感、幸福感的过程。

写作不需要太多的功利性，用文字记录自己生活、思考的轨迹就是一件

很幸福的事情。

（三）融合课堂，扎实教研

老一辈的教研员曾经跟我说，做教研员，最怕的就是做"高空作业"，就是不能脱离课堂去搞教研工作。所以，我坚持承担各类公开课、示范课和汇报课，开展专题分享以及课题研究等。

作为年轻的教研员，我也有迷茫的时候。我时常觉得自己的力量承担不起这份职责，但是这一年多的时间里，谢老师和工作室优秀成员们不断引领着我前进，给我力量。正因有他们的参与和帮助，每一次研修都变得特别有意义。感恩，感谢！

纵有疾风起，人生不言弃

广东省梅州市五华县安流中学　张娟娟

教学是一门永恒的艺术。常教常新，永无止境。她的精细、精湛是我们一线教育工作者永远的追求。机缘巧合之下，2022年我加入了广东省谢燕玫名教师工作室，更是深切地体会到了这一点。每一次活动，我都把它视为一顿"大餐"；每一次活动，无论是在认识上、理念上，还是在实践上，对我而言都收获颇多，意义非凡。在谢老师的带领下，我与工作室的伙伴们逐步成长。

一、不断学习，提升自己

"活到老，学到老"，道出了人生要不断学习。工作室为我的学习、发展和创新提供了机会和平台。我一直记得，自己第一次担任工作室线上研修主持人工作时的情景。活动前，在谢老师和妙芳班长不断地指导、打磨、鼓励下，我从一开始的担忧、不安逐渐变得沉稳、自信。在她们的引领下，我增加了前进的动力，也提高了学习的热情。

在这一年里，工作室的各种活动和公众号平台的各项工作开阔了我的教育教学视野。观看网络平台的微课、讲座等，让我更近地接触了当下先进的教育教学理念，使我转变了思路，丰富了理论。当然，我也时刻意识到自己的不足。因此，我积极利用空余时间阅读、学习，积累先进的经验和新的教育理念，更好地进行教育教学实践。

二、立足课堂，实践研究

工作室全体成员在课题"运用'PAST'研修模式促进英语名教师工作室跨区域跨学段的实践研究"工作中，进行了多场的线上和线下研修。我们进行了专业理论学习，分层次、跨区域、跨学科开展了多方面的课例研究，切实解决了英语教育教学中的实际问题，大大地提高了课堂教学效率，提升了学生的英语素养。该课题研究提升了我的研究意识，促进了工作室成员们的专业成长，形成了工作室"茶话茶语，融通教育"的特色品牌。

三、不断反思，努力奋斗

回顾自己加入工作室以来参加的各项活动，有喜有忧。喜的是自己通过这个平台学习了很多,收获了很多;忧的是自己与工作室的其他老师还有很大的差距。知道了差距,也就明白了自己的努力方向:一是多看书,常动笔;二是多思考,常实践;三是多反思,温故而知新。

工作室对我来说就像大家庭,一个可以跟同行们互相学习、互相促进的大家庭。在这个大家庭里,我找到了自己前进的方向;在这个大家庭里,我体会到了互助共进的热情;在这个大家庭里,我领略了名师的风采。在教育改革的今天,社会对教师素质的要求更高;在今后的教育教学工作中,我将继续发扬自己的优势,努力改正自己的不足,以更高的标准来严格要求自己,力争在教学、教研上都取得更大的进步。

人生,从外打破是压力,从内打破是成长。扎实做好自己身边的每一件小事,不轻易被外部因素打乱节奏。正如那句:纵有疾风起,人生不言弃。

春浅夏不知，言萃已觉深

广东省阳江市海陵岛经济开发试验区海陵中学　张燕清

时光匆匆，岁月流转，在广东省谢燕玫名教师工作室的一年多，我们踏着岁月的痕迹，感受着收获的喜悦。

不管是读万卷书，还是行万里路，对于一名青年教师来说，在专业成长的路上能有一位导师、一个团队为你点亮前进的明灯，是一件多么幸运的事情。回顾这一年多，在谢老师的带领下，与工作室成员们的共同学习，我学到了新的教学理念，提高了新的教学技能，现将中期工作学习总结如下。

一、注重学习，提升能力

入室以来，导师谢老师经常提醒我们要多看书、多思考、多反思，以提高我们的专业素养。工作室还为我们提供了相关的教育教学方面的书籍，供我们学习，也为我们成员开展了各式各样的读书心得分享活动。在工作室的引领下，我阅读了《什么是教育》等名著，这些书籍让我的教学理论和教学方法得到了质的提升，同时也开阔了我的视野，增强了我的专业水平。

作为核心成员，我积极参与工作室举办的各种研修活动。工作室的每一次研修都犹如一次美好的旅行，给我留下了许多难忘的回忆，也让我收获了诸多成长。第一次跟岗学习、第一次做微型讲座、第一次课例分享、第一次筹备研修活动方案、第一次主持研修活动……在每一次研修活动中，我总能感受到伙伴们闪耀的智慧。在导师的引领下，在同伴的相助下，每次任务都能使我视野开阔，思想升华。

二、星光照路，赤诚耕耘

课堂教学是教师的主要任务。在工作室期间，我认真学习名师、专家的示范课，聆听他们的教学教改理论，努力打造高效的课堂教学，积极探索崭新的英语课堂教学模式。在教学中，我非常注重激发学生们的学习兴趣及培养学生的自信，我希望我的学生都能在快乐中学习。我时常怀着一颗仁爱之心，做孩子们温暖的"大姐姐"和"妈妈"，温暖着每一个孩子，让爱住进他们的心理。我心怀美丽的教育梦想，星光照路，赤诚耕耘。我在教育教学的专业领域上潜心研究，勇于探索。

三、名师引路，创新前行

作为名教师工作的核心成员，我深知"领头羊"的重要性，我也不断通过工作室的各种跟岗学习、课题研究、专业培训来重建自己的教学模式，拓展自己专业方面的思维。要想做终身学习的教师，只有具备栉风沐雨、探幽发微的求索精神，才能厚积薄发、得心应手，才能不负如此重任。感恩在成长的路上，有谢老师，有工作室各位成员。我渴望成长，不是为了成为名师，而是为了遇见更好的自己。

做学习型教师，不断超越自我

广东省阳江市第二中学　郑凤慈

2021年7月，我有幸加入了广东省谢燕玫名教师工作室。回顾过去的一年，真是充满了成长、收获、欢喜和满足。

一、我的成绩

一年来，在谢老师的指导下，在各路专家名师的引领下，我与工作室的成员们共同学习探讨、深度交流、互相促进，取得了一定的成绩。我积极参加各类教育教学比赛，获市微课比赛一等奖；积极参加晒课活动，参与校公开课活动，获一致好评；认真反思教育教学实践，积极撰写论文，分别获市、区论文评比一、二等奖。

二、努力学习，积极实践

工作室举行了多个工作室联合研修、线上学习，请专家教授给我们开讲座，还有听课、评课活动，为我们的学习和成长提供了机会和平台。我们到珠海、阳江、贵阳、广州等地学习。这些活动涉及教育教学理论、教学实践、论文撰写、课题开展、如何成为一名优秀的班主任、聚焦中考等专业主题，也有关于教师语言的使用、仪容仪表的修炼等主题，饱含了工作室对我们的期待和用心。一路走来，我收获满满，更新了教育理念，提高了教学素养，利用先进的教学理论充实了自己，也指导了自己的教育教学工作，以优秀课例为载体开展教研，不断分享，不断进步。

三、不断借鉴和凝练，尝试形成教学风格

教学风格是指教学活动的特色，是教师的教育思想、个性特点、教育技巧在教学过程中独特的、和谐的结合和经常性的表现。教学风格的形成是一个教师在教学艺术上趋于成熟的标志。

一直以来，我认为讲课的方式、课堂上的师生互动、课堂语言的组织使用均可以体现出自己的教学风貌。但我从未把这些东西凝练成文字，形成属于自己特有的教学风格。通过工作室的线上学习，我获益良多。我想我正处于王校所说的学习理论—实践历练—学习取舍—实践提升这几个阶段，但远未达到水到渠成的阶段。我不断模仿，根据自己的教学能力做出选择，并反

复在课堂上实践。我希望自己理智而富有情感、自然而不失技巧、幽默而充满哲理。接下来，我需要跨越定向和创新这两个难点。这是一个漫长而艰难的过程。我相信在谢老师和各位专家的带引和帮助下，一定能有所习得。

四、我的目标

通过学习，我深深地体会到"学然后知不足"，通过反思，我发现要成为一名专业化的研究型教师，我还有很多路要走。"让学习成为自己的习惯"是我下个阶段的目标。只有做学习型教师，才能不断超越自我，使自己的工作更扎实、更有效、更完善、更优秀，从而逐步实现人生的价值。

赓续教育热情，动态迎接挑战

广东省梅州市兴宁市陂西中学　卢伟英

2021年，我非常荣幸地加入了广东省谢燕玫名教师工作室。记得有位教育家说过：成长＝经验＋反思＋专业引领。专业引领就是在专业知识领域里有名师专家为你领路，发挥名师或专家的引导作用，我认为只有用思想行走的教师，才会越走越远。我秉着一颗学习的心，在专家和名师的指导下，与工作室的成员们一起学习交流、提升能力。在谢燕玫名师的引领下，我紧跟团队的脚步，学会自我沉淀与成长，始终朝着成为学者型名师的方向不懈努力。

一、我是谁

从事教育教学工作22年来，我忠诚于党的教育事业，踏实肯干，任劳任怨，积极进取，取得了一点点的成绩。但是在理论学习、教研教改、智能技术、教学风格方面，尤其是在专业知识领域缺乏探索研究的精神，出现了懈怠的现象。我可能正处于"稳定和停滞阶段"。

二、我从哪里来

我严格执行本工作室的各种要求，履行工作职责，积极参与各种培训学习，认真完成工作室的相关论文课题研究任务。在名师引领下，我不断成长，敢于突破，逐渐形成学者型师者的风格。在听课、模课、磨课、备课、悟课、品课等方面有实质的突破与提升。要真正实现教师自我生命的成长，我们还需靠近"高人"，寻找成长的"支点和途径"。打通教法和活法，左手修炼自我，右手聚焦研究。绝不是为了研究而研究，而是在工作中代入自我，让工作与生活统一性格，彼此润色，相得益彰。

三、我到哪里去

2021年，我围绕教师专业发展，坚持开展读书活动，并撰写教学反思或随笔；我认真学习新的教育理念，提高自身素质；我观摩名师专家的优质公开课50多节，撰写教学设计和反思稿，上一节校级公开课；我有系统地阅读2本理论专著和教育专刊，了解更多的教学观点和当前的教改动态，并认真做好笔记。

2022 年，我继续加强师德师风学习，身正为范并坚持研读教育专著，撰写教学反思或随笔；继续加强英语学科专业理论知识的学习，提升课堂实践能力；教学工作形成特色，积累原始材料，并将此整理成经验论文。

2023 年，我积极推进素质教育，形成学生乐学、善学的局面；加大课堂改革力度，优化课堂教学过程，探索自己的教学风格；争取上一节市级以上示范课，并形成一定的文字资料；积极参与工作室的课题研究，通过课题研究促进教学研究能力的提升。

三年的时间里，我聚焦两个点——"实践素质教育"和"实现专业成长"。做正确的事，向阳而行，吸收阳光，反射光芒，努力成为"四有好老师"和"四个引路人"的教育行者。

学知不足而自反，教知所困而自强

广东省珠海市南屏中学　曾繁杰

《礼记·学记》中有"是故学然后知不足，教然后知困，然后能自强也"。自2021年7月我加入广东省谢燕玫名教师工作室至今已一年有余，我最大的感受是忙并快乐着、学并进步着，最大的收获是教学理念的更新和专业素养的提升。

回顾一年来的成长历程，我感激工作室提供的学习平台和各种锻炼机会。加入工作室以来，我参加了线上线下数十场研修活动，听专家讲座，学习理论知识，听名师课例，学习教学方法，与同伴交流，碰撞思想火花，读专业书籍，提升专业素养。在不断学习中锻炼、提升自己。

2021年11月，在同广东省杨荣名教师工作室的联合研修活动中，我做了"不忘初心　砥砺前行"的心得汇报；在2022年3月的6个工作室联合研修活动"深入研修提素养　备战中考明方向"中，我担任并完成了主持工作；在2022年8月的线上联合研修活动中，我同工作室成员分享贵阳培训的收获，做了题为"学知不足而自反　教知所困而自强"的报告。除此之外，我还积极撰写工作室研修活动报道。作为工作室助手，我在工作室的各项研修活动和其他工作中积极协助主持人谢老师。在学校教育教学工作中，我积极承担公开课和班主任工作。2021年12月，我所承担的公开课"九年级上 Unit 5 What are the shirts made of? Section A 1a – 2d"获区教研员和科组老师的好评。我被评为2021年度"珠海市先进班主任""香洲区先进教师"。

我一直相信：学无止境，功不唐捐。作为一名教师，我更应该不断学习，提升自己的专业素养；在不断学习中发现自己的不足，寻找改进方法，在日常的教学中不断实践，为每一点的进步感到欣喜和鼓舞。原来，学习是这么美好的一件事！

后　　记

融通文化，汇聚星光

广东省谢燕玫名教师工作室新编著的《英声茂实　文以化人："茶话英语 融通教育"课题实践研究》终于和大家见面了！这也是继《融合课堂 茶话英语：谢燕玫教育文集》（2019 年出版）之后，从教科研方面反映了本工作室团队对学科育人进一步理解与探究的著作。

谢燕玫工作室自成立以来，始终秉持"俯首甘为学员人梯，倾心共育天下桃李"的理念，坚守"名师引领，团队合作，互学互鉴，成果共享"的原则，倾尽全力为工作室入室学员和网络学员提供专业成长和发展的平台与机会，使其在教学能力和学科素养等方面又好又快地提升。一批有志于教研的骨干教师在这里历练，志同道合，发现自我，并成长为在工作单位、区域具有一定影响力的学科带头人或市、区名师。蓦然回首，我们发现在工作室的每一个奋力拼搏、潜心教研的日子，都是对精彩生命的别样诠释和演绎。

遇见星光，明确方向

2021 年，谢燕玫再次成功申报广东省名教师工作室主持人。谢老师就像那耀眼的星光再次辐射到了广阔的天地。基于谢老师十年来主持工作室的基础和人缘，来自珠海、广州、梅州、河源、汕头、阳江、揭阳等地方的一些教师，加入了网络研修团队，加深了对英语教育教学的理解。这些富有朝气的老师为工作室学习共同体注入了新的力量，进一步发挥了工作室辐射、引领、带动和示范的作用。在工作室开展各种研修活动期间，团队学员向答疑解惑的名师专家学习，围绕课改的基本理念，聚焦教学教研热点难点，集思广益，学有所获，日积月累，汇集智慧。这一篇篇凝聚学员汗水和智慧的文章，字里行间渗透着他们对立德树人的孜孜以求，以及对教育教学的热爱。日积月累的学习让我们不经意间慢慢地从星光中看到了方向。

追逐星光，汇集智慧

在新一轮（2021—2023 年）省名师工作室启动仪式后，本工作室共开展了 40 余场线上线下研修活动，其中包括"工作室品牌建设：茶话英语融通教育系列活动""名师荐名著之系列读书分享会""工作室研跨区域·美美与共线上系列专题研修活动"等。我们诚邀了众多专家名师指导工作，有刘良华、熊焰、吴慧坚、黄丽燕、罗永等高校教授，有韩裕娜、左璜、钟罗金、罗朝猛等博士，有王琳珊、袁也晴、战莲花等专家，还有省名师工作室主持人林伟、孙新、高春梅、冯页、周华章、钟燕青、马善波等资深名教师，我们也结合学员的需求邀请了高敏、张国辉等一批优秀教学能手、科研高手、优秀班主任。他们的个人修养、理论引领、经验传承和专业实践指导各具特色，灿烂一方，是值得我们毕生追逐的星光。

在专家名师熠熠光辉的指引下，工作室成员理论结合实践，在各自的岗位上积极探索，自我反思，带领团队开展课题研究工作；积极与团队打磨课例，参加各种教学竞赛；利用课余时间积极共读名著，撰写心得。如今，这些"起舞的日子"，点点滴滴都汇聚在这本书里。这其中有团队并肩奋进的美好，还有脚踏实地的稳健，更有追逐星光路上的旖旎风光。正是这样一个扎根教育、不断实践、自我修炼的过程，让我们充满了力量。

成为星光，发挥微热

聆听工作室邀约的每一位专家讲述自己的成长历程，我们不难发现，成为星光绝非易事，那定然是"山一程、水一程"。但是，有梦，大河才能奔腾不息地流向大海，大雁才能展翅飞翔至远方，大树才能挺拔向上、直插云霄。未来的岁月还很漫长，只要我们仰望星光，一步步靠近那道星光，坚持热爱教育事业，不断积累，矢志不移，相信我们工作室的每一个小伙伴在不久的将来，也会有无限的可能成为星光，散发光芒，汇聚星河。

我们特别感谢各级领导和学员单位对工作室的重视和支持，你们的远见卓识为工作室健康可持续的发展提供了方向。我们也衷心感谢工作室成员的家人对我们工作的大力支持，你们的包容和关怀让我们在繁杂的工作中感受着生活的美好与乐趣！

本书是工作室学员基于个人与团队在学科教育教学的实践所进行的探索，因为水平和时间所限，有的内容还很粗浅，真诚地希望各位读者提出批评，你们的宝贵意见都将是我们追随光、靠近光、成为光的不竭动力！

朱妙芳

2022 年 12 月